탈세의 세계사

World History of Tax Evasion

탈세의 세계사

세금은 세계의 역사를 어떻게 바꾸었는가!

오무라 오지로 지음

진효미 옮김

더봄

국가란 세금이다

역사상 '세금 없는 국가'라는 것은 존재한 적이 없다.

현대의 사우디아라비아는 국가재정의 대부분을 석유 수입으로 충당하고 있다. 때문에 '세금이 없는 국가'라고 하기도 한다. 그러나 실제로는 소액이기는 하나 세금이 부과되고 있다. 무엇보다 석유의 수입을 국가가 독점하는 자체가 간접적으로 국민들로부터 세금을 징수하는 것이라고 말할 수 있다.

또 고대 로마의 초기에도 로마 시민들로부터 '직접 세금'을 거의 거둬들이지 않았다. 그러나 관세는 징수했고, 식민지에서는 세금을 징수하였다.

그렇기 때문에 역사상 국가의 모습을 갖춘 형태에서 세금이 부과되지 않았던 적은 한 번도 없다고 말할 수 있다.

한 국가의 정부(정권)란, 요약하자면 '세금을 징수하고, 사용하는 주체'라고 말할 수 있다.

관리를 고용하여 국가 시스템을 정비하기 위해, 인프라를 정비하기 위해, 외세의 침략을 막기 위해……, 어쨌든 세금이 필요하다. 그렇기 때문에 세금이 없으면 국가라는 것 자체가 성립되지 않는다. 왕정국가이든 민주주의국가이든 공산주의국가이든 종교국가이든 모두 마찬가지다.

그리고 '세금'의 그늘에는 반드시 '탈세'tax evasion, 脫稅 라는 것이 존재한다. 아마 세금이 만들어짐과 거의 동시에 탈세도 등장했다고 볼 수 있을 것이다. 세계사의 고대 문헌에도 탈세에 관한 기술이 나온다. 예를 들어 중국을 처음으로 통일한 진秦나라 시대의 고대 문서에는 탈세에 관한 벌칙이 기술되어 있다. 또한 고대 그리스의 시詩 중에도 탈세자에 대해 읊은 내용이 있다.

국가의 융성은 세금과 불가분의 관계이다. 세계사에 등장하는 강대국들은 모두 효율적인 조세 제도를 가지고 있었다. 고대 그리스는 현대 세계에서 두루 쓰이고 있는 조세 제도의 기본적인 체제를 갖추고 있었다. 또한 고대 이집트는 우수한 관료 제도를 만듦으로써 효율적으로 세금을 징수하였다.

대영 제국이 산업혁명을 일으키고, 7개의 바다를 지배한 것은 통계학을 구사한 합리적인 조세 제도를 만들었기 때문이다.

'서민들의 삶이 피폐해지지 않도록 효율적으로 세금을 징수하고, 그것을 또 효율적으로 국가 건설에 반영'하는 것은 국가가 융성하기 위한 절대적 조건이라고 할 수 있다.

그러나 국가가 쇠퇴할 때는 그 조건이 흔들린다.

예를 들어 고대 로마 제국의 말기에는 징세 청부인의 부정부패가 창궐하고, 제국 내 여기저기에서 반란이 일어났다. 이는 고대 로마 제국의 붕괴로 이어졌다.

또한 혁명 전 프랑스에서는 귀족이 종교와 특권을 이용하여 세금을 회피하고, 그 부담이 전부 국민에게 전가되었다. 그렇게 해서 쌓인 국민의 불만이 폭발한 것이 '프랑스 혁명'인 것이다.

이 글은 '탈세'의 측면에서 세계사의 원인과 결과를 해석해보겠다는 의도에서 시작했다.

탈세라고 하면 어떻게든 세금을 낮추기 위해 꼼수를 부리는 것을 떠올리는 것이 전형적인 이미지일 것이다. 동서고금을 막론하고 역시 이런 유형이 가장 많다.

그러나 그것뿐만이 아니라 압제 정치, 과도한 세금에 대한 저항으로써 민중이 도주하는 경우도 있다. 또는 부유층과 귀족 등이 특권을 활용하여 합리적으로 세금을 회피하는 경우도 있다.

어쨌든 탈세가 만연할 때 사회에는 큰 변동이 일어나게 된다. 무장봉기, 혁명, 국가분열, 국가붕괴는 거의 대부분 탈세와 세금 제도의 허점과 얽혀 있는 것이다.

역사는 정치적인 사건이나 전쟁 중심으로 서술되는 경우가 많다.

그러나 역사의 움직임에는 반드시 '경제'가 필수적으로 영향을 미치고 있다. 정치적인 사건과 전쟁은 경제적인 사건의 표층 부분에 지나지 않는다고도 말할 수 있다. 그리고 경제와 관련해서는 세금이 큰 부분을 차지한다.

'세금'과 '탈세'를 축으로 역사를 살펴보면, 지금까지와는 다른 입체적인 이미지가 떠오르며, 이해가 되지 않던 사건의 인과관계가 명확하게 풀릴 것이다.

이 책을 다 읽고 나면 아마도 당신은 세계사의 수수께끼가 풀리게 될 것이다.

오무라 오지로

목차

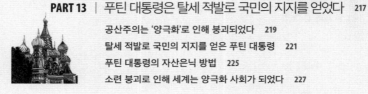

PART 1

고대 그리스와
고대 이집트의 탈세 이야기

고대 그리스의 독특한 탈세 밀고제도

탈세를 축으로 세계사를 바라볼 때 가장 먼저 고대 그리스를 거론해야 할 것이다.

기원전 8세기 무렵 성립된 도시국가 그리스는 유럽 문화의 원형이다. 당연히 세금 측면에서도 후세에 큰 영향을 주고 있다. 유럽의 세금 체계의 기본적인 뼈대는 고대 그리스 시대에 만들어진 것이기 때문이다.

역사에 이름을 새긴 강대국들은 모두 효율적인 조세 제도를 가지고 있었다. 물론 고대 그리스도 그랬다.

고대 그리스 세금의 특징은 '직접세'가 적었다는 점이다.

고대 그리스는 상인에 의한 도시국가였다. 상업적인 도시국가들은 동서고금을 불문하고 주민들에게 '자치'적인 기질이 많았다. 상인들은 모두 독립하여 사업을 하고 있었기 때문에 일치단결하여 무엇인가를 하는 경우는 거의 없었다.

'각자 고유한 영역을 지키고, 서로 존중한다. 무슨 일이 있을 때만 필요에 따라 협력한다.'

발전한 도시국가란 그러한 시스템을 가지고 있는 경우가 많다. 이탈리아의 제노바와 네덜란드도 그랬다. 이러한 도시국가에서는 시민들로부터 세금을 징수하지 않는 형태가 많았다.

고대 그리스가 그런 유형의 전형이라고 말할 수 있다. 고대 그리스는 자유시민(노예가 아닌 시민)에 대한 직접적인 과세가 거의 없었다.

단, 부유층에 대한 과세는 있었다. 그런데 이것도 법적으로 징수하는 것이 아니라 부유층이 자발적으로 내는 기부금과 같은 것이었다. 전쟁 비용과 공적인 비용이 발생한 경우에는 자산가에 의한 공공봉사, 즉 자발적 납세로 충당했다.

그러나 이 공공봉사에는 사회로부터의 무언의 압력이 있었으며, 강제에 가까웠다.

이 공공봉사와 관련하여 '안티도시스'antidosis(교환소송)라는 독특한 제도가 있었다. 안티도시스란 재산을 가지고 있는 자에게 공공봉사, 즉 기부를 명할 수 있는 제도이다.

이 제도의 독특한 점을 들자면, 안티도시스를 명령할 수 있는 사람 역시 나름의 자산가라는 점이다.

만약 안티도시스를 명받아도 자신보다 자산을 더 많이 가지고 있는 사람이 있는데, 그 사람은 안티도시스를 명받지 않았다면 그 사람을 지명할 수 있다.

그리고 누가 더 많은 자산을 가지고 있는지를 판정하여 자산을 더 많이 가지고 있는 쪽이 공공봉사를 하게 되는 것이다. 어디든 약은 사람은 있기 마련이어서 원래는 자산을 더 많이 가지고 있어도 요령껏 세금을 회피하는 사람도 있다. 그런 약은 사람을 자산가들끼리 고발하게 하여 밝혀냈던 것이다.

그런 방법은 그리스인답다고나 할까, 너무 이론적인 것 같기도 하지만 이치에 맞는 부분도 있다.

안티도시스의 체제를 간단하게 설명해 보겠다.

먼저 A씨가 안티도시스를 명받았다고 하자. 그러면 A씨는 B쪽이 나보다 재산을 더 많이 가지고 있을 것이라고 생각하여 B씨를 지명한다. 지명을 받은 B씨는 공공봉사에 응하든지 A씨와 전 재산을 교환해야 한다. 즉 결과적으로 누구든 재산을 더 많이 가지고 있는 쪽이 기부를 하는 상황이 되는 것이다.

이 안티도시스라는 제도는 부유층에 세금을 부과하는 동시에 세금을 부과해야 하는 부유층을 밀고하는 제도이기도 했던 것이다.

또한 이 안티도시스에서 주목해야 하는 것은 재산을 가지고 있는 사람에게만 명한다는 점이다.

국가가 융성할 때에는 대체적으로 부유층이 제대로 세금을 낼 때이다. 그러나 국가가 오래 이어지면서 대부분의 부유층이 여러 가지 수법을 사용하여 세금을 회피하게 된다. 그렇게 되면 국가는 가난한 계층으로부터 더 많은 세금을 징수하게 되고, 결국 경제가 허약해져 붕괴되는 것이다.

고대 그리스의 관세 탈세

　고대 그리스의 중심국인 고대 아테네의 재정 수입을 보자.

　아래에서 알 수 있듯이 수입의 40%는 델로스동맹으로부터의 공급이었다. 델로스동맹은 페르시아 제국의 침공에 대항하여 그리스의 각 폴리스가 동맹을 결성한 것으로, 아테네가 맹주였다. 병력의 대부분을 아테네가 부담했기 때문에 아테네는 동맹국으로부터 공급을 받고 있었던 것이다.

　그리고 나머지 60%가 '공공봉사'와 통행세, 매춘세, 포도주세 등의 간접세와 관세였다. 고대 그리스에서는 직접세는 거의 없었으나, 통행세와 간접세, 관세 등은 다양한 종류가 있었다.

　고대 국가는 인권 의식이라는 것이 약했기 때문에 국가가 강제적으로 민중으로부터 세금을 징수했을 것이라는 선입견을 가진 사람들이 많을 것이다.

　그러나 고대 국가 역시 세금을 징수한다는 것은 꽤 힘든 일이었다.

고대 아테네의 재정수입내역(기원전 448~기원전 432)

내용	금액
델로스동맹으로부터의 공급	8,400달란트
조세	10,200달란트
신전금고에서의 충당금, 전리품	2,000달란트
합계	**20,600달란트**

*1달란트는 은 20~27Kg(탈란톤[talanton]이라는 그리스어에서 유래)
《세계 관세사》, 아사쿠라 히로노리 저, 일본관세협회

우선 왜 세금을 내야 하는지에 대한 이유부터 명확하게 해야 했다. 합리적인 근거도 없이 힘들여 모은 재산을 순순히 내놓을 사람이 어디 있겠는가.

특히 그리스와 같은 도시국가에서는 시민의 힘이 강했기 때문에 시민으로부터 직접적으로 세금을 징수하는 것은 사회가 용납하지 않았던 것 같다. 그래서 관세와 간접세가 발달된 것이다.

그중에서도 관세는 정부 입장에서 매우 징수하기 쉬운 세금이다. 관세는 수출입 시 물자가 세관을 통과할 때만 과세하면 된다. 징수 절차도 매우 간편하다. 따라서 고대부터 관세를 재원의 기둥으로 삼는 국가가 적지 않았다.

다만 현대에는 무거운 관세를 부과하면 상대국도 보복 관세를 부과하여, 서로 경제에 나쁜 영향을 미치게 된다. 그것을 알고 있기 때문에 가능한 한 관세를 과도하게 부과하지 않는 방향으로 하고 있다.

고대 그리스에는 '50분의 1세'라는 관세가 있었다. 수입한 상품 가격의 50분의 1을 세금으로 내는 것이다.

고대 그리스는 교역으로 번성한 나라였기 때문에 당연히 항만이 잘 정비되어 있었다. 그리스 항만에는 튼튼한 벽으로 둘러싸인 세관 시설이 있었으며, 보세창고(관세를 지불하기 전 화물이 보관되는 장소)가 즐비했다. 현대의 국제무역항과 거의 같은 형태이다.

그리고 무역선이 입항하면 화물 주인은 세관 시설에 가서 신고하고 세금을 내는 것이다. 만약 세금을 지불하지 않고 수입하여 발각되면 10배의 관세를 지불해야만 한다.

그러나 모두가 제대로 관세를 지불했느냐고 묻는다면 꼭 그렇지만은 않았다. 당시부터 이미 관세를 속이는 무리들이 많았던 것 같다.

고대 그리스의 철학자이자 시인인 제논^{Zenon}은 국경의 마을 오로프에 대해 다음과 같이 읊었다.

이 국경 마을 오로프에는
관세징수자와 밀수꾼밖에
살고 있지 않다.
오로프 마을과 그 주민에게
재앙이 있기를.
《세계 관세사》, 아사쿠라 히로노리 저, 일본관세협회

이 시에서 추측할 수 있는 것은 관세를 피한 밀수꾼이 많이 있었다는 것이다. 그리고 아마 밀수꾼들은 항구 이외의 장소를 이용하는 밀수가 아니라, 관세 공무원과 결탁하여 항구에서 당당하게 짐을 들여왔을 것이다.

그래서 제논은 '재앙이 있기를'이라는 문구를 남겼던 것 같다.

고대 그리스의 관세는 징세 청부인이 징세 업무를 담당하고 있었다. 국가가 '징세권'을 팔면 업자들이 입찰을 해 구입하는 제도이다. 징세권을 획득한 업자는 징세 청부인이 되어, 국가를 대신하여 징세 업무를 담당하는 것이다.

징세권은 실제로 징수 가능한 세수보다 약간 낮게 설정되어 있다. 때문에 국가로서는 손해지만 징세 업무를 하지 않아도 되는 데다 먼저 돈이 들어오는 메리트가 있었다.

물론 징세권은 매우 비쌌다. 또한 징세 청부인에게는 징세를 실행할 수 있는 능력도 필요하다.

그렇기 때문에 징세권 입찰에 참가하는 사람은 부유한 유력자들이 된다.

징세라는 업무는 복잡한 일도 많아 생각만큼 세수를 얻지 못하는 경우도 생긴다. 징세 청부인 중에는 너무 비싼 값에 응찰했다가 파산하는 업자도 있었다.

또한 징세 청부인이 보다 많은 이익을 내기 위해서는 엄격하게 세금을 거둬들여야 했다. 이 때문에 시민들과 마찰을 빚는 경우도 종종 있었다.

이 징세 청부 제도는 로마 제국에도 계승되고 중세 유럽과 이슬람 여러 나라에도 계승되었다가, 근대에 들어 폐지되었다. 나중에 다시 언급하겠지만 로마 제국과 중세 유럽에서 징세 청부인은 대대로 악명을 떨치게 된다.

고대 이집트의 효율적인 조세 제도

고대 이집트는 피라미드로 상징되듯이 파라오라 불리는 국왕이 절대적인 권력과 재력을 가지고 있었다.

3천 년 동안 풍요로운 사회를 유지해 온 국가는 인류의 역사에서는 고대 이집트밖에 없다.

게다가 풍요로웠던 것은 파라오^{pharaoh}(왕)만이 아니다. 유적 발굴 등의 자료를 통해 보면 이집트의 영민領民들은 가난한 사람도 부엌이 있는 집에서 살았음을 알 수 있다. 또한 이집트에서는 쓰레기 문제도 발생하였는데, 이는 영민들이 이미 도시생활을 영위했다는 증거이기도 하다. 파라오는 재력이 막강했고 서민들도 풍요로운 생활을 했다는 것을 알 수 있다.

고대 그리스가 도시국가의 대표적인 예라면 고대 이집트는 농업국가의 대표적인 예라고 할 수 있다.

고대 이집트는 해마다 범람하는 나일강을 제방과 관개 등으로 잘 다스려 발전한 국가이다. 즉 대형 프로젝트로 형성된 국가라고 말할 수 있다. 아마 이 제방 공사를 할 때 강력한 리더십을 가진 인물이 있었을 것이다. 그리고 그 사람이 파라오가 되었을 것이라고 추측하고 있다.

이러한 국가의 경우 '중앙집권제도'와 '직접적인 세금 징수'가 특징이라고 할 수 있다.

고대 그리스에서는 시민이 직접세를 내는 경우는 많지 않다고 하였으나, 고대 이집트에서는 그 반대로 시민들로부터 거둬들인 직접세가 주요 재원이 되었다.

이집트에서 국토는 파라오의 소유물이며, 시민은 그것을 빌려 경작을 하는 것이었기 때문에 임차료로 세금을 내야 했다.

물론, 처음에는 비옥한 토지에서 거둔 풍부한 수확물로 세금을 내는 것이 그다지 힘들지 않았을 것이다. 또한 수확으로 내는 세금 외에도 한 사람당 과세되는 인두세, 가축의 소유자에게 과세되는 가축세, 관세 등이 있었던 것 같다.

고대 이집트는 중앙집권적인 국가 시스템을 가지고 있었다.

국가의 힘을 하나로 집약하면, 당연히 국력은 향상된다. 큰 토목사업으로 천재지변을 막을 수 있고, 강력한 군사가 있으면 안전보장으로 이어진다. 이집트의 왕들이 거대한 피라미드를 만들고 넘쳐나는 금은보화를 모을 수 있었던 것도 중앙집권사회였기 때문에 가능했던 것이다.

그러나 중앙집권국가를 만들기는 말처럼 쉽지 않다.

중앙집권국가를 만들기 위해서는 정부가 압도적인 정치력, 군사력을 가지고 있어야 한다. 인간 사회를 자연스럽게 두면 중앙집권적인 사회는 생겨나지 않는다. 강력한 단체, 강력한 지도자가 강한 힘을 가지고 그 지역을 총괄하는 작업을 하지 않으면 중앙집권사회는 생겨나지 않는 것이다.

고대 이집트에서 어떠한 식으로, 누가 중앙집권 제도를 만들었는지는 아직 모른다. 그러나 영화를 누린 고대 이집트 문명은 틀림없이 중앙집권사회였을 것이다.

그리고 고대 이집트는 중앙정부가 국가의 모든 행정권, 징세권을 가지고 있었다.

이런 행정, 징세 업무는 '서기'書記라는 하급관료들이 담당했는데, 고대 이집트에는 이 서기라는 관료제도가 발달해 있었다.

서기는 여러 행정 상황을 기록하는 것이 업무였으나 실제로는 행정 전반의 사무를 담당했다.

서기는 물론 읽고 쓸 수 있었다. 당시는 종이도 발명되지 않은 시대였기에, 문자를 읽고 쓸 수 있다는 것은 훌륭한 능력이었다. 이런 능력을 가진 인재는 당연히 소중히 여겨졌다.

그리고 그들은 징세 업무에도 뛰어났다. 고대 이집트에서는 토지의 대부분이 국유화 되었으며, 국민은 이를 빌려 농사를 짓는 것이 원칙이었다.

조세 제도 역시 구체적으로 규정되어 있어 농작물, 사업의 매출, 수입, 수출, 노예 보유 등 다양한 것에 세금이 부과되었다.

농작물에는 20%의 수확세가 부과되었다. 이 수확세는 실제 수확물로부터 산출하는 것이 아니라 토지 면적에서 수확량을 예상 산출해 정했다. 이런 어려운 계산들을 서기들이 모두 해낸 것이다.

고대 이집트의 서기들은 기하학과 같은 난해한 수학도 쉽게 해결했다. 고대 이집트의 철학자 에우클레이데스(유클리드)가 저술한 《유클리드의 원론》은 실은 이집트의 징세 관리들이 행했던 토지의 측량 방법을 정리한 것에 지나지 않았다고 한다.

이런 서기들은 고대 이집트의 '관료'였다. 즉 공무원이었던 것이다.

이것은 매우 중요한 사실이다. 서기관과 징세관이 공무원이라는 것이 현대 사회에서는 당연하게 받아들여지지만 고대부터 중세에 걸친 사회에서는 서기관과 징세관은 '지방의 호족'인 경우가 많았다. 왜냐하면 전국적인 관료 조직을 만드는 것이 당시로서는 너무 힘들었기 때문이다. 지방에는 힘 있는 호족들이 많이 있었는데, 그들을 모두 굴복시키고 중앙정부에서 관료를 파견해 다스려야 했던 것이다.

그보다 지방의 호족을 회유하여 징세권을 부여하고, 상납금을 납부하게 하는 것이 정부 입장에서는 편했다.

그러나 그렇게 되면 징세인의 입장에서는 세금을 많이 거두면 거둘수록 자신의 수입이 늘어나기 때문에 최대한 세금을 많이 징수하려고 할 것이다.

징세인은 정해진 세금보다 많이 거둬들이는 것이 당연한 대전제가 되는데, 정부 입장에서는 징세라는 골치 아픈 업무를 하지 않고 일정한 세수를 얻을 수 있으니 그것을 용인했던 것이다. 물론 손해를 보는 것은 세금을 내는 민중들이다. 고대에서 중세에 걸쳐 이 '징세 청부 제도'라는 것은 매우 일반적인 세금 시스템이었다.

그런데 고대 이집트에서는 세금을 거둘 때 '징세 청부 시스템'이 아니라 '중앙관료 시스템'을 채택했다. 서기는 국가에서 급여를 받고 관료의 업무로서 정해진 대로만 세금을 징수했으며, 국가는 징세 효율이 좋았고, 민중도 불필요한 세금을 부과 받지 않았다.

그렇지만 이런 '징세인=공무원'의 제도를 유지하기는 매우 힘든 일이다.

징세인은 세금의 액수를 정하는 업무를 하기 때문에 뇌물의 유혹도 많다. 또한 정해진 금액보다 더 징수해서 차액으로 자신의 배를 채우려는 '탐관오리'적인 유혹도 있다.

이러한 문제를 방지하기 위해 정부는 서기를 엄격하게 감독하고, 또 적절한 보수를 줘야 한다.

고대 이집트는 이 제도를 유지하기 위해 다양한 방법을 고안했던 것 같다.

국가를 통치하는 파라오들은 징세인이 탐관오리가 되지 않도록 서기에 대해 '자비로운 행동을 하라'고 항상 강조했다. 파라오가 명령한 기록도 남아 있다.

'만약 가난한 농민이 세금을 내지 못하게 되면, 3분의 2는 면제해 주라.'

'만약 세금을 내지 못하고 수단과 방법이 없는 자에게는 그 이상을 강요해서는 안 된다.'

또한 징세 관리인 서기를 감시하는 기관도 있었다.

'국민으로부터 과도하게 세금을 거둬들인 관리는 코를 베고 아라비아로 추방한다'라는 명령까지 내려졌던 것이다.

이 서기라는 일은 세습제였다고 하는데, 자세한 내용은 모른다. 전문성이 요구되는 업무였기 때문에 세습제로는 어려웠을 것이다.

세습제를 부정하는 자료도 많이 있다. 이집트의 국립 서기학교의 교과서에는, "서기가 되어라. 그러면 매끄럽고 부드러운 손으로 있을 수 있다. 하얀 옷을 입고, 신하들이 인사를 한다."라는 대목이 있다.

어떤 서기가 자신의 아들을 국립 서기학교에 입학시키면서, "서기가 되면 누구한테도 지시 받지 않고 어떤 직업보다 편하게 살 수 있다."라고 가르친 기록도 남아 있다.

'서기가 되는 것을 권한다'는 것은 일정의 능력을 갖추지 못하면 채용이 안 되는 시스템이었기 때문에 나온 표현일지 모른다.

어쨌든 이 서기 덕분에 고대 이집트는 효율적인 징세가 이루어졌고, 그것이 안정된 중앙집권제도의 초석이 된 것이다.

징세 관리가 부패하면서 '종교'가 대두하다

그러나 이 고대 이집트의 관료 시스템도 이윽고 부패되어 간다. 관료 시스템을 청렴하게 유지한다는 것은 어느 시대든 매우 어려운 일이다.

고대 이집트의 후반기(기원 전 1300년 무렵)가 되면서 징세 관리들은 파라오의 눈을 피해 과중하게 세금을 착취하여 자신의 배를 채우게 되었다. 물론 이렇게 되면 국가의 재정은 약해진다.

파라오들은 이를 메우기 위해 더 무거운 과세를 하게 되고, '관료들이 부패하고 세수가 줄어드니까 증세를 하고, 그로 인해 서민들의 삶은 피폐해지는' 악순환에 빠지게 되었다. 이런 악순환은 국가가 붕괴할 때 매우 자주 있는 패턴이다.

고대 이집트는 효율적인 공공사업을 한 것이 특징이고, 이것이 번영을 하게 된 이유 중 하나였다. 나일강은 비옥한 농지를 만들어 주었으나, 가끔씩 범람하기도 하였다. 이 나일강을 대규모 제방공사로 컨트롤

국가가 붕괴하는 전형적인 패턴

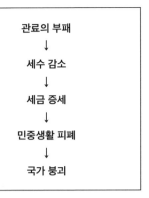

관료의 부패
↓
세수 감소
↓
세금 증세
↓
민중생활 피폐
↓
국가 붕괴

했던 것이 고대 이집트의 풍요로움의 원천이기도 했다.

그러나 잇따른 증세로 인해 세금을 내지 못한 사람들이 농지를 포기했기 때문에 농촌 인구는 점점 줄어들고, 나일강의 제방도 보수를 하지 못하게 되어버렸다. 그 결과 홍수의 피해가 농촌을 더욱 약화시켰다.

그리고 국가가 이러한 붕괴 패턴에 빠졌을 때 거의 대부분 대두하게 되는 것이 '종교'이다. 동서고금을 막론하고 국가 붕괴극에 있어 종교는 매우 큰 역할을 맡게 된다.

고대 이집트의 경우에도 그 전형을 따랐다. 고대 이집트에는 '신전'神殿(아멘신전)이라는 강력한 종교 단체가 있었다. 아멘신전은 원래는 파라오들이 신앙하는 아멘신을 숭배하던 신전이었다. 그러나 파라오들의 권위가 떨어지면서 아멘신전이 힘을 얻게 되었다.

고대 이집트에서 신전은 강력한 특권을 가지고 있었다. 신전의 토지와 수확물에는 세금을 부과하지 않고, 신전의 노동자는 인두세를 내지 않아도 되었다. 그리고 세금을 못 내게 된 사람이 신전으로 도망간 경우, 징세 관리들의 추궁을 피할 수가 있었다.

그 때문에 이집트에서는 관료기구가 부패함에 따라 영민들은 아멘신전으로 도피했고, 과세 대상이었던 그들의 토지와 자산을 기부했다.

고대 이집트의 말기에는 왕가의 과세 기반이 2분의 1까지 줄어들었다고 보고 있다. 그만큼이 아멘신전으로 흡수되어버렸다. 결과적으로 기원전 1080년 즈음에는 아멘신전은 이집트 안에서 독립국가처럼 되어버린다. 이로 인해 고대 이집트는 사실상 분열되었다고 할 수 있다.

그 후로도 일정 기간 고대 이집트는 명맥을 유지하였으나, 기원전 525년에 페르시아에서 기세를 떨친 아케메네스 왕조의 침공을 받아 그 지배하에 들어가고, 기원전 332년에는 마케도니아의 알렉산드로스 3세에 의해 결국 멸망하고 만다.

PART 2

진시황을 고민하게 만든
과도한 탈세

호적을 조작하다

중국은 매우 오랜 역사를 가진 나라다. 황하문명은 세계 4대 고대문명 중 하나이며, 문자로 기록된 역사만으로도 4천 년 전까지 거슬러 올라간다.

다만 문헌에 나오는 고대 시대의 이야기는 신화와 전설도 섞여 있어 정말로 4천 년을 거슬러 올라갈 수 있는지 여부는 확실하지 않다. 그러나 그렇다고 하더라도 중국이 상당히 고대시대부터 고도의 문화를 가지고 있었던 것은 틀림없다.

중국 영토를 처음으로 통일한 것은 진시황秦始皇 때이다. 이것이 기원전 221년의 일이다. 지중해, 유럽에서는 고대로마가 전성기를 맞이하던 시기이다.

이 '진'秦이라는 국가가 세워졌을 때 이미 중국 사회에서는 화폐가 사용되고 있었으며, 조세 제도도 상당히 정비되어 있었다.

진나라에서는 산부算賦라고 하는 인두세人頭稅가 과세되었다. 인두세란 사람 일인당 부과되는 세금이다. 부유한 자에게도 가난한 자에게도 똑같이 부과되었다. 때문에 '빈민에게는 괴로운 세금'이었다고 한다.

인두세는 징세를 하는 측에서 보면 인원수를 체크하는 것만으로도 징세가 가능하기 때문에 고대부터 위정자들은 자주 이 인두세를 부과했다.

이 인두세 '산부'는 진나라에서 만들어지기 이전에 전국시대^{戰國時代}각 지역에 있었던 '부'^賦라는 세금이 기원이다. '부'란 병역에 종사하지 않는 자로부터 징수하는 세금이다. 즉 처음에는 전쟁에 참가하지 않는 권리를 얻기 위해 지불했던 세금이었다. 그것이 어느 순간 모든 사람에게 부과되었다.

진나라 시대의 '산부'는 15세부터 65세까지의 남녀에게 매년 120전^錢이 부과되었다. 상인, 노비의 세액은 그 2배였다.

또한 15세부터 30세까지의 '미혼 여성'에게는 5배인 600전이나 되는 산부가 부과되었다. 적령기가 됐는데 결혼하지 않은 젊은 여성을 타깃으로 높은 세금을 부과한 것이다. 여성들은 일찍 결혼해야 한다는 당시의 사상이 반영된 것이다. 그러나 현실적으로는 당시 이 연령대 여성들은 대부분 결혼하여, 세금을 내는 여성은 그리 많지 않았을 것으로 추측된다.

이 외에도 서민들이 짊어져야 할 세금으로 노역^{勞役}과 병역^{兵役}이 있었다. 이렇듯 고대 중국에는 인두세와 노역, 병역 등 '사람과 남자로서 존재하는 것'만으로도 납부해야 하는 세금이 꽤 많았다.

이들 세금을 회피하기 위한 움직임도 당시에 있었던 것 같다. 인두세와 노역을 과세하기 위해서는 인구 파악이 매우 중요하다. 이 때문에 고대 중국에서는 꽤 오래 전부터 인구 조사와 호적 작성을 하고 있었다. 진나라 시대의 유적에서 호적 신고에 관해 주의를 서술한 문서가 발견되었는데, 그 문서에는 다음과 같이 적혀 있다.

- 청년이 된 자를 숨기고 신고하지 않거나 신체장애자의 신고가 부정확하다면, 이노인里老人에게 노무형의 형벌을 내렸다.
- 노인 연령이 아닌데 '노인'으로 되어 있거나, 노인의 연령인데 '노인'으로 되어 있지 않은 경우 갑옷 두 벌을 납부해야 한다.
- 이노인을 신고하지 않은 자는 갑옷 한 벌을 납부해야 한다.

즉 호적 신고에서 거짓 신고를 한 자에 대한 형벌이 적혀 있다. 이러한 형벌이 정해져 있다는 것은 거짓 신고를 하는 자가 많아서였을 것이다. 신체장애인과 노인은 세금이 감면되었기 때문에 이러한 거짓 신고를 한 자가 많았으리라고 추측된다.

한편 여기서 말하는 '이노인'은 일족一族의 장로長老와 같은 사람이라고 생각할 수 있다. 즉 호적의 부정한 신고가 있었던 경우에는 장로에게 책임을 지게 하는 것이다.

또한 한漢나라 시대의 호적에는 젊어서 사망한 사람 중에 남성의 비율이 유독 높은, 아주 부자연스러운 현상이 나타났다. 이것도 노역과 병역을 회피하기 위해 거짓 신고를 했음을 의심해볼 수 있다.

고대 중국의 재원

고대 중국에서 중요한 재원財源이 되었던 것은 '화폐 주조'였다.

화폐를 주조하면 그만큼 재원이 된다. 정권은 화폐의 재료가 되는 귀금속을 확보하고, 화폐 주조 기술만 있으면 상당한 재원을 손에 넣을 수 있었다.

이 '화폐 주조를 재원으로 하는' 재정 방식은 근대에 이르기까지 많은 나라의 정권이 사용해 왔다. 예를 들어 일본 에도江戸 시대에도 막부幕府가 화폐 주조를 독점하고 다른 번藩에는 화폐 주조를 금지했다. 그 때문에 화폐 주조가 막부의 중요한 재원이 되어 막부 말기에는 막부 재원의 3분의 1이 화폐를 주조해서 얻은 이익이었다.

최근에는 화폐 주조에 사용하는 귀금속을 대량 확보할 수 없기 때문에 세계 각국은 귀금속의 고액 화폐를 만들 수 없어, '화폐 주조를 재원으로 하는 일'은 거의 사라졌다.

고대 중국 이야기로 다시 돌아가자.

고대 중국에서는 화폐 주조 기술이 매우 발달하여, 대량의 화폐를 주조할 수 있었다. 그리고 처음으로 대규모 화폐 주조를 한 것은 중국을 최초로 통일시킨 '진시황'이다. 진나라는 전국시대 때 일개 지방정부에 지나지 않았던 기원전 336년, 정부 주도로 '반량전半兩錢' 주조를 시작한다.

당시 중국은 화폐 주조가 널리 행해지고 있었으나 여러 세력과 도시가 제각기 주조하고 있었기 때문에 모양도 가치도 천차만별이었고, 통용하기가 어려웠다. 그래서 진나라 정부는 모양과 가치를 통일시킨 '반량전'을 주조하고 시민들에게 강제적으로 '반량전'을 사용하게 한 것이다. 이와 동시에 타국의 화폐를 들여오거나 사용하는 것은 금지되었다.

이와 같이 '법정화폐'를 제조한 것은 당시 전국시대 7개국 중에서는 진나라뿐이었다. 화폐가 통일되면 유통이 촉진되고 도시는 발전한다. 또한 정부에도 큰 재원이 된다.

민간이 멋대로 화폐를 주조한 경우 그 화폐의 가치는 시장에 일임된다. 화폐에 사용되는 귀금속 함유량에 따라 시장에서 화폐 가치가 결정되기 때문에 화폐의 가치는 거기에 함유된 귀금속의 가치와 비슷해진다.

그러나 정부가 법정화폐를 만들고, 다른 화폐의 유통을 금지시킨 경우 그 법정화폐의 가치는 정부가 설정할 수 있게 되는 것이다. '화폐 한 개는 한 량의 가치가 있다'라는 식으로 화폐의 가치를 정부가 정하는 것이다.

그리고 정부는 대부분의 경우 그 화폐에 함유된 귀금속보다 높은 가치를 설정했다. 그렇기 때문에 화폐의 액면 가치와 귀금속으로서의 가치 사이에 차이가 발생하게 되고 그 차액이 '주조 이익'이 되어 정부의 재정수입이 되는 것이다.

그러나 이 화폐의 주조 이익을 얻기 위해서는 민간의 화폐 주조를 금지시키고, 법정화폐 이외의 화폐 사용을 금지시켜야 했다. 진나라는 이를 철저히 이행했다.

이 '화폐 주조'라는 재원은 정권에게 있어 매우 편한 것이었다. 다른 재원처럼 서민들로부터 징수하지 않아도 되기 때문이다.

어느 시대든 세금 징수는 정권에 있어 매우 복잡하고 예민한 것이었다. 징수 과정에서 문제가 생기면 반란이 일어나 자칫 국가가 붕괴되기도 한다. 세계사를 살펴보면 정권이 붕괴될 때의 원인으로 자주 등장하는 것이 바로 '세금'이다.

화폐 주조의 경우 화폐 재료만 확보하면, 이 힘든 작업인 '세금 징수'를 하지 않아도 되었다. 따라서 정부는 화폐를 만들고, 이를 사용함으로써 서민의 수확물과 상품, 노동력을 얻을 수 있었다.

진시황을 고민에 빠트린 탈세 집단

그러나 정부가 주의해야 하는 문제는 여전히 남아 있었다. 바로 화폐의 밀조이다.

서민들이 멋대로 화폐를 주조하면 '세금을 회피'하는 것에서 한발 더 나아가 원래 국가의 수입인 화폐 주조 수익까지 가로채는 것이 된다. 즉 '탈세'가 아니라 '세금을 훔치는' 것이 된다.

이 민간의 화폐 주조(즉 위조화폐 제조)는 화폐가 발명된 이래 현대까지 어떠한 형태로든 행해져 왔다. 그러나 고대 중국만큼 대대적으로 위조화폐가 만들어졌던 시대는 없을 것이다.

그 주된 이유로 다음의 두 가지를 들 수 있다.

- 고대 중국에서는 아직 화폐의 질이 좋지 않았기 때문에 위조해도 들키지 않았다.
- 고대 중국에서는 고도의 금속가공 기술이 발달되었기 때문에 민간에서도 위조화폐를 만드는 자가 많이 있었다.

위조화폐 제조는 이미 진나라 시대부터 성행했다고 보고 있다. 왜냐하면 진나라가 중국 전역을 제압하기 전인 '전국시대 진나라' 문서에 이미 반량전을 밀주조해서 잡힌 사람의 이야기가 나오기 때문이다.

또한 '유방劉邦과 항우項羽'로 잘 알려진 항우의 숙부 항량項梁이 젊은 시절 위조화폐를 제조했다고 《초한춘추》楚漢春秋에 적혀 있다.

'유방과 항우'는 진시황이 서거한 후 일어난 양대 세력이다. 최종적으로는 유방이 승리하며 '한漢 제국'을 세운다. 이 '유방'과 '항우' 중 패배한 항우의 숙부 항량은 항우를 키운 사람으로, 진나라 시대 말기의 장군이었다. 항량은 진시황이 서거한 후 자신의 세력을 이끌고 봉기한다. 그것이 중국을 양분시킨 세력으로 발전한 것이다.

《초한춘추》에는 '항량은 젊은 시절부터 용감한 지도자와 같은 존재이며, 위조화폐를 만들고, 젊은이를 90명 데리고 있었다'는 내용이 기록되어 있다.

한나라의 위조화폐 주조 방지책이란?

위조화폐를 만들기 위해서는 고도의 설비와 기술이 필요하다. 또 버젓이 대놓고 만들 수도 없기 때문에 사람들의 눈을 피할 수 있는 은밀한 장소를 확보해야 한다.

개인의 힘으로는 이런 시설과 장소를 마련하기가 어렵기 때문에 당시에는 '위조화폐를 만드는 조직'이 있었던 것 같다. 항량과 같은 무뢰한(유협) 중에서도 머리를 쓰는 부류가 위조화폐를 제조하는 조직을 만들었다.

고대 중국에는 무뢰한이 많이 있었던 것 같은데, 중국의 역사서《사기》에도 '유협열전'이 있다. 이 '유협열전'을 보면 유협이 위조화폐를 주조했다는 기록이 나온다.

진나라는 선진적인 화폐정책을 전개했던 국가인데, 이와 동시에 '선진적인 탈세'도 이루어지고 있었던 것이다.

진나라가 몰락하고 한나라 시대(기원전 202년~기원후 8년)가 되어도 위조화폐는 정부의 골칫거리였다. '개인이 화폐를 주조하면 사형'이라는 중벌이 있었음에도 불구하고, 위조화폐 제조는 여전히 성행하고 있었다.

당시의 위조화폐 제조 방법은 기존의 화폐를 갈아 일정량의 동銅을 확보하고, 그것을 재료로 새로 화폐를 만드는 것이었다. 그렇기 때문에 당시의 화폐는 기준보다 작은 크기가 많이 있었다.

기원전 119년에는 '오수전'五銖錢이라는 새로운 화폐를 주조하고, 갈아버리는 것을 방지하기 위해 둘레를 만들었다. 만약 갈아버리게 되면 둘레가 없어지기 때문에 '갈아버린 화폐'임을 알 수 있게 되는 것이다. 기원전 115년에는 둘레를 청동으로 둘러싸서 갈아버리는 것을 방지하려 했다. 이 경우에는 갈아버리면 빨간 청동이 떨어지게 되어 있었다.

그러나 아무리 방법을 고안해도 화폐의 밀조는 없어지지 않았다.

이에 대한 대책으로 당시 황제였던 '무제'武帝는 놀랄 만한 최종 수단을 내 놓는다.

그것은 바로 '대량 생산'이었다.

기원전 113년, 무제는 그때까지 분산되어 있던 주조 시설을 한곳에 모으기로 했다. 그리고 수형도위水衡都尉 소속의 상림삼관上林三官이라는 관청에서 오수전 주조를 독점하게 했다. 이 주조전은 상림삼관에서 만들어진 것이어서 '삼관전'三官錢이라고도 한다. 그리고 그때까지 통용되던 돈은 모두 회수해 삼관전의 재료로 녹아들어갔다.

무제에 의해 만들어진 오수전은 평제平帝까지 약 120년 동안 280억 전이 만들어졌다고 한다.(《한서》漢書 〈식화지·하〉食貨志·下) 이를 보면 1년 동안 2억 수천만 전이 만들어졌다는 계산이 나온다. 약간의 과장이 있다고 할 수도 있으나 상당수의 오수전이 만들어졌음에 틀림없는 것 같다.

중국에서는 평제 시대(서기 2년 즈음)에 사상 처음으로 호적 조사가 이루어졌는데, 그때 인구는 약 6천만 명이었다. 그렇기 때문에 단순 계산만으로 볼 때 한 사람당 500개 정도의 오수전을 가지게 된다. 물론 실제로는 그보다 적겠지만, 상당수의 돈이었음에는 틀림없다.

고대 중국이 이처럼 대량으로 화폐를 주조할 수 있었던 것은 뛰어난 금속가공 기술이 있었기 때문이다. 고대 중국에서는 이미 철광석을 녹여 주형에 흘려 넣고 철제품을 만드는 '주조'가 행해지고 있었다. 다른 나라는 철광석을 반 정도 녹인 상태에서 망치로 두드려 철제품을 만드는 '단조'鍛造라는 방법밖에 몰랐다.

이 '주조'는 대량 생산이 가능하지만 철광석을 녹이는 용광로가 필요하기 때문에 고도의 기술력이 요구되었다. 유럽에서는 14세기 무렵부터 철의 주조가 가능하게 되었는데 중국은 그보다 수천 년이나 앞섰던 것이다. 한나라 시대(기원 전후)에 이미 현대의 것과 근본적으로 크게 다르지 않은 송풍기를 갖춘 용광로가 있었다.

이러한 금속가공 기술이 있었기 때문에 중국에서는 동전銅錢과 철전鐵錢을 대량 생산할 수 있었던 것이다.

그런데 이와 같이 대량 생산을 하면 위조화폐의 주조자는 큰 타격을 입게 된다. 화폐가 너무 많이 유통되면 화폐의 상대적인 가치가 낮아지기 때문이다. 위조화폐 제조에는 복잡한 과정이 있고 위험도 크다. 때문에 화폐 가치가 어느 정도 높지 않으면 '본전도 못 찾게' 된다.

당시 화폐의 가치가 어느 정도 낮아졌는지에 대해서는 명확한 데이터가 없다. 그러나 위조화폐 주조자의 동기 부여가 크게 저하된 것은 틀림없는 사실일 것이다. 또한 이 정도 대량으로 화폐를 발행하면 위조화폐가 만들어졌다 해도 재원에 큰 영향을 미치지 않게 된다.

이 오수전은 후한後漢 말기(기원후 220년 즈음)까지 사용되었으며, 삼국시대 이후의 각 왕조도 이를 채택했다. 오수전은 당唐나라가 개원통보開元通宝를 만든 621년까지 750년 가까이 주조되고 사용되었다.

무서운 줄 모르는 철鐵의 밀조자

오수전의 대량 발행을 시작한 것은 전술한 바와 같이 무제라는 사람이다.

무제는 전한前漢의 7대 황제로, 불구대천의 원수인 흉노匈奴를 공격하여 일시적으로 진압에 성공하였다. 또 월남(지금의 베트남)과 고조선까지 세력권에 편입시키는 등 한나라의 세력을 크게 넓힌 황제이다. 즉 전한의 전성기를 누린 황제인 것이다.

그러나 흉노를 진압하거나 나라의 판도를 넓히기 위해서는 당연히 막대한 군사비용이 든다. 무기와 식량, 병사들에 대한 포상도 필요하다.

이를 위해 무제는 대규모의 재정 개혁을 하고 새로운 세금을 몇 가지 고안했다. 기원전 120년에는 소금과 철에도 과세를 하였다.

소금은 사람들의 식생활에 필수 불가결한 것이다. 또한 철은 농기구로 사용되었기에 농경사회에서 없어서는 안 되는 것이었다.

그렇기 때문에 소금과 철의 판매업자는 큰 이익을 얻었으며, 요즘으로 치면 1,000명 이상의 종업원을 둔 '대기업'도 출현하였다.

무제는 이익이 많은 소금과 철에 주목했다. 단순히 소금과 철의 '매매'에 세금을 과세한 것이 아니라 한발 더 나아가 국가의 '전매제'專賣制로 했다. 즉 소금과 철의 제조를 모두 국가가 하고, 그 판매 수익을 모두 국가가 가지겠다는 것이었다. 물론 단순히 세금을 부과하는 것보다 전매제로 하는 것이 국가로서는 큰 이익이다. 그러나 그만큼 업무도 늘어난다.

철 부문은 철광석 산지 50군데에 철관鐵官이라는 관리소를 두고 국가 직영의 철제소를 만들었다.

소금 부문은 전국 36군데에 염관鹽官이라는 관리소를 두고 국가의 관리하에 민간업자에게 제염을 시키고, 제품은 모두 국가가 사들였다.

그리고 소금과 철을 개인적으로 제조한 자에게는 중죄를 선고하였다. 그럼에도 불구하고 철을 밀조하는 사람들은 있었다고 한다. 철관이 놓인 지역 이외에도 전한시대의 철광 유적이 발견되었기 때문이다.

한무제의 엄격한 탈세 적발

무제는 소금, 철의 전매뿐 아니라 다른 세목도 확충시켰다. 당시에는 행상 등으로 돈을 번 상인들이 많이 있었는데, 그들은 거의 세금을 내지 않았다. 때문에 그들에게도 세금을 부과하려고 했던 것이다.

진나라 이후 상인은 국가공인제로 되어 도시의 일각에 있는 '시'市에서만 영업이 허가되었다. 상인들은 시적市籍에 등록되어 영업세로 '시 세금'이 부과되었다. 그러나 전한 시대에는 '시' 이외의 장소에서 장사를 하는 상인과 행상이 많이 생겼다. 그들은 시적에 등록되어 있지 않았기 때문에 시 세금을 내는 일도 없었다. 그런데 상인들 중에서는 그들이 가장 돈을 많이 벌고 있었다.

그것을 본 무제는 기원전 119년에 새로운 재산세를 과세하였다. 그때까지 일반인에게는 재산 2,000전당 24전의 재산세가 부과되었다. 이것을 상인에게는 일반인의 5배인 재산 2,000전당 120전을 과세한 것이다. 수공업자에게는 2.5배인 60전이 과세되었다.

그리고 시적 등록 여부와 상관없이 장사를 하고 있는 자에게는 모두 '상인으로서의 세율'이 과세되었다.

이 새로운 재산세에는 엄격한 벌칙이 있었다. 만약 신고를 누락하는 경우에는 전 재산을 몰수당하고 1년 간 변경 수비를 해야 했던 것이다. 그럼에도 불구하고 제대로 신고를 하지 않는 자들이 다수 있었다.

세금이 생각만큼 잘 거두어지지 않자 무제는 기원전 117년에 서민들에게 밀고를 장려하였다. 상인이 재산을 속이고 신고한 경우 이를 밀고하면 그 상인이 가진 재산의 절반을 받을 수 있도록 한다는 무시무시한 것이었다. 이 밀고 장려는 기원전 114년에도 나왔었다.

이렇게 밀고를 장려하자 밀고가 속출하여 국가에 많은 토지와 재산이 귀속되었다. 그와 반대로 중간 규모 이상의 상인 상당수가 파산한 것으로 보인다.

PART 3

탈세로 붕괴된
로마 제국

고대 로마에도
효율적인 세금 시스템이 있었다

'고대 로마'는 지중해 주변부터 서유럽과 아시아, 아랍까지 세력을 넓힌 고대 세계의 초거대국가이다. 고대 로마는 현대 유럽의 초석을 만들었고, 고대 로마가 만든 도시의 대부분은 현대 유럽의 중추도시가 되었다.

이 고대 로마도 매우 효율적인 세금 제도를 갖추고 있었다. 강대한 국가에는 반드시 이처럼 잘 정비된 세금 제도가 존재한다. 고대 로마의 공화정 시대(기원전 509년부터 기원전 27년 즈음)에 로마 시민들은 대부분 직접세를 내지 않은 것으로 보인다. 왜냐하면 그럴 필요성이 없었기 때문이다.

로마의 행정관은 무보수로 로마 시민이 종사했다. 후대의 이탈리아 제노바 등의 자유도시와 같은 체제를 가지고 있었던 것이다. 그리고 최소한의 행정 경비는 수출입의 관세와 노예세로 충당했다. 노예는 매매시 2%부터 5%의 매각세가 들며, 노예가 자유롭게 될 때에는 노예 가격의 5%에 해당하는 세금이 부과되었다. 이 노예세로 인해 상당 부분의 행정경비가 충족된 것이다.

굳이 말하자면, 고대 로마에는 병역의 의무가 있었다. 로마 시민에게는 무보수로 1년 간 종군하는 것이 의무였으며, 무기도 각자 조달하여야 했다. 로마 군대는 이 징병제 덕분에 유지되었던 것이다.

그러나 이 병역의 의무도 나중에는 사라진다. 징병제도의 군대에서는 병사의 세대가 변하면 군대가 약체화된다. 그래서 국가의 재정으로 병사를 고용하고 무기도 지급하는 방침으로 전환시킨 것이다.

그 대신에 '전쟁세'가 부과되게 되었다. 이 전쟁세는 독특한 시스템을 가지고 있었다. 재산의 종류에 따라 세율이 달라지는 시스템으로, 보석과 고가의 의장, 호화로운 마차와 같은 사치품에는 최고 10배의 세금이 부과되었다.

'부유층일수록 세율을 높인다'라는 누진제를 세계 각국이 도입하기 시작한 것은 20세기에 들어서이다. 그것을 생각하면 이 고대 로마 제국의 선진성에 놀라지 않을 수 없다.

또한 부자들에게는 전쟁 시 국가에 융자를 해주어야 하는 의무가 있었다. 그러나 이것은 '추렴'이 아니라 어디까지나 '융자'였다. 이 때문에 로마군이 전쟁에서 이기고 전리품이 있으면 융자를 한 금액에 따라 '배당'을 받았던 것이다.

로마군이 승리하고 영지가 확대됨과 동시에 전쟁세도 폐지되었다. 도시국가 로마(공화정 로마)가 탄생하고 350년 정도 지난 기원전 150년 무렵 전쟁세가 모두 폐지되었다고 추정하고 있다. 그 이유는 식민지에서 세금을 징수할 수 있었기 때문이다.

고대 로마는 정복한 토지를 일단 로마의 영지로 포함시키고, 그 토지를 현지 주민들에게 빌려주는 형식으로 해서 세금을 징수하였다. 그 결과 로마에는 각지에서 세금으로 들어온 귀금속과 수확물 등이 풍부했고, 그것만으로도 국가를 유지하기에 충분했다.

그중에서도 스페인에서 들어오는 금은은 로마 재정의 기반이 되었다. 기원전 206년부터 기원전 197년까지의 10년 동안 금 약 1.8톤, 은 약 60톤이 스페인의 광산에서 로마에 헌납되었던 것이다. 이 스페인의 금은 덕분에 로마는 화폐 제도를 정비할 수 있었다.

'화폐 발행'은 고대부터 근대에 이르기까지 국가의 중요한 재원이었다. 발행한 화폐는 그대로 국가의 재산이 되었으며, 재원으로 사용할 수 있었기 때문이다. 따라서 국가는 대량의 금, 은, 동을 입수하고, 화폐 주조기술만 있으면 다른 세금을 징수하지 않고도 재원을 채울 수 있게 되었다.

고대 로마 제국은 일정 기간 이런 방식으로 주요한 재원을 채웠던 것 같다. 때문에 로마 시민들은 세금 부담이 거의 없었다.

기원전 200년 무렵부터 만들어진 데나리우스Denarius(로마 공화정과 로마 제국의 화폐 중 하나)는 로마 제국에서 중심적인 화폐가 되며 용병에 대한 월급도 이것으로 지급을 했다. 당연히 데나리우스는 로마 제국의 중요한 재원이 되었다.

식민지에 가혹한 세금을 부과하다

　로마는 정복지에는 절대적인 권한을 가진 총독을 파견하고 강력한 로마군을 주둔시켰다. 그러나 로마는 정복지의 세금에 관해서는 로마가 결정한 세금을 강요하지 않고, 그 지역에서 기존에 거둬들이던 세금을 징수하였다. 이 유연함이 더해진 식민지 정책으로 인해 광대한 영토를 통치할 수 있었다.

　그러나 로마의 비교적 원만한 식민지 정책은 공화정 말기에 이르러 붕괴되기 시작한다. 처음에는 식민지로부터 상납 받는 물품에 만족했던 로마 시민들은 시간이 지나면서 점점 그 요구가 커져갔다. 이 때문에 기원전 130년 무렵부터 로마의 속주^{屬州}에 대해 '수확세'^{收穫稅}를 부과하게 되었다.

　게다가 이 수확세는 징세 청부인에게 위탁하여 세금을 거두어들였다. 징세 청부인은 사전에 로마 정부로부터 5년치의 징세권을 사들인다. 즉 로마 정부는 5년 동안의 세금을 징세 청부인으로부터 한꺼번에 받을 수 있었던 것이다.

　정부는 5년치 세금을 선불로 받기 때문에 당장의 수익은 증가한다. 그러나 그만큼 징세 청부인에게 '선불할인'을 해야 하기 때문에 장기적으로 보면 수입은 감소되는 것이다.

　그리고 이 징수청부제도의 최대의 결점은 '징세 청부인의 권력이 비대화된다'는 것이었다.

　징세 청부인은 막대한 자금력을 필요로 하기 때문에 징세 청부인들끼리 결탁하여 회사와 같은 조직을 만들었다. 이것이 세계에서 가장 오래된 회사라고 여겨지고 있다.

이 징세 청부 회사에는 일반 시민도 투자할 수 있었다. 그러나 투자자와 징세 청부인 간에는 명확한 구분이 있었으며, 이 부분도 현대의 주식회사와 매우 유사한 점이라고 할 수 있다.

징세 청부 회사는 로마 정부에 막대한 징세권대금을 지불했기 때문에 당연히 그 이상의 세금을 거두려고 했다. 징세 청부 회사는 속주에 대해 강제적으로 세금을 징수할 수 있는 권리를 부여받았고, 징세업무는 매우 가혹했다.

더욱이 징세 청부 회사는 직접 징세를 하지 않고 각 속주에서 현지의 하청 징세 청부인을 고용했다. 즉 징세 청부 회사로서는 중간 마진을 취하는 것이다. 즉 속주의 주민은 징세 청부 회사와 현지의 징세 청부인 양쪽 모두의 마진까지 납부하는 셈이었다.

당연히 세 부담은 껑충 뛰었다. 그 결과 반란을 일으키는 속주도 나왔다. 로마에 가장 큰 타격을 준 것이 미트리다테스^{Mithridates} 대왕의 반란이다.

기원전 88년 터키 지역의 왕, 미트리다테스 대왕의 책동으로 그리스 대부분의 도시가 일제히 봉기했다. 봉기일 하루 만에 로마의 징세 청부인 8만 명과 로마인 상인 2만 명이 살해되었다고 한다.

그런데 미트리다테스 대왕은 로마로부터의 독립을 요구한 것이 아니라 '징세 청부인을 폐지할 것', '봉기에 참여한 도시 전부에 대해 5년 간 세금을 면제할 것'을 요구했다.

이 반란은 로마군에 의해 진압되었으나 로마 정부는 큰 타격을 입었다. 그리고 이 타격으로 인해 로마공화정이 혼란스러워져, 결국 제정帝政 시대로 이행하게 된 것이다.

식민지를 괴롭힌 '징세 청부 제도'

민중의 불만이 고조되고 각지에서 반란이 일어나게 된 고대 로마에서는 국가 시스템을 개선시킬 강력한 리더가 필요했다. 그때 등장한 것이 로마 제정의 초대 황제 아우구스투스Augustus이다. 아우구스투스는 원래 로마의 집정관執政官이었으나 서서히 자신의 권한을 강화시키고, 최종적으로 황제가 되었다.

아우구스투스는 가능한 징세 청부인을 통하지 않고 정부가 직접 속주에 대해 징세를 하는 방식으로 바꾸려고 했다. 또한 새로 손에 넣은 이집트를 황제의 직할지로 삼아 재정 기반을 강화시키고자 했다.

아우구스투스 이래 로마의 역대 황제들은 간소하고 공평한 징세 시스템을 위해 고심하였다.

폭군으로 명성이 자자한 네로Nero 황제도 마찬가지였다. 네로는 그때까지 시민에게 공개되지 않았던 '징세 규칙'을 공표하고 세금을 못 내는 자에 대한 징수권을 1년의 시효로 소멸시키기로 하여 징세담당관의 부정 개선을 최우선 과제로 내세웠다.

황제들의 노력으로 고대 로마의 징세 시스템은 이전에 비해 많이 안정화되었다. 그러나 징세 청부 제도가 철폐된 것은 아니었고, 징세담당자의 부패도 끊이지 않았다.

《신약성서》는 로마 제정 지배 아래 놓여 있던 이스라엘 지역이 무대이며, 로마의 속주에 대한 정치 상황을 엿볼 수 있다. 이 《신약성서》에는 징세인을 둘러싼 에피소드가 자주 나온다.

당시의 징세인이란 민중들에게 있어서는 '탐관오리'와도 같은 존재였다. 한때 예수Jesus가 이 징세인들과 함께 식사를 해서 유대교 종파로부터 트집을 잡혔다. '왜 저런 죄 많은 사람들과 식사를 하는가'라는 내용이었다.

그러나 예수는 이렇게 대답한다. "나는 죄인을 참회시키기 위해 와 있다."

어쨌든 당시의 징세인이란 유대인 사회에서는 죄 많은 존재로 치부되고 있었다. 즉 고대 로마에서 징세인들의 부패는 결코 개선되지 않았던 것이다.

탈세의 횡행으로 국가가 붕괴

로마 황제들은 필사적으로 징세 시스템 개선을 위해 노력하였으나 그리 쉽게 개선되지 않아 결국에는 세수가 부족하게 되었다. 그래서 이번에는 '악화惡貨 주조'를 하게 되었다.

이 '악화 주조'는 고대부터 근대에 걸쳐 정권이 세수 부족을 보완하기 위해 고안한 매우 정통적인 방법이라 말할 수 있다.

'악화 주조'라는 것은 쉽게 말하자면 금은의 함유량을 원래보다 줄인 화폐를 만들어 그 가치가 하락한 화폐를 이전과 같은 가치로 유통시키는 것이다.

당초 순은純銀으로 만들었던 데나리우스는 네로 황제 때부터 은 함유량을 줄이기 시작했다.

기원후 200년 무렵에는 은 함유량이 초기의 데나리우스의 50% 정도가 되었으며, 기원후 270년 무렵에는 5% 정도에 지나지 않았고, 그 후에도 계속해서 낮아졌다. 즉 가치가 하락한 통화를 대량 발행하여 재원을 보완하려고 한 것이다.

당연히 인플레이션이 발생했다. 기원후 200년 무렵에는 밀가루 1부셸bushel(약 36리터)이 200데나리우스였으나 기원후 344년에는 200만 데나리우스가 되었다. 만 배의 인플레이션이다. 현대 경제용어로 말하자면 하이퍼 인플레이션이다. 그만큼 화폐를 대량 발행한 것이다.

인플레이션을 막기 위해서는 화폐 대량 발행을 그만둬야 한다. 그러나 통화 발행을 멈추면 정부는 재원이 없어지게 되기 때문에 통화 발행 이외에 세수를 얻는 길을 찾아야만 했다.

로마 제국이 기독교를 국교로 한 이유

기원후 284년에 로마 제국 황제에 즉위한 디오클레티아누스

Diocletianus는 대폭적인 과세강화를 하였다. 로마 제국 내의 각 도시, 속주에 대해 중앙정부가 직접 징세에 나선 것이다. 징세 청부인과 현지 권력자들의 '중간 착취'를 배제하려는 것이 목적이었다. 정부가 로마 제국의 속주를 개별 조사하고 각지의 세금액을 결정하였다. 또한 가치가 낮아진 데나리우스를 제외하고 수확물 등의 현물 납부로 바꾸었다.

그리고 이탈리아에 사는 로마시민에게도 직접세를 부과하였다. 그때까지 로마시민(일정의 자격을 가진 자)에게는 인두세 등의 직접세를 전통적으로 면제해 주었으나 그 특권을 폐지한 것이다.

또한 디오클레티아누스의 뒤를 이은 콘스탄티누스Constantinus는 기독교를 용인하고 국교로 하여 재정 안정을 도모하려고 했다.

기독교는 로마 제국 시대(1세기 전후)의 이스라엘에서 생겨났다. 당시 이스라엘 지방에는 유대민족이 살고 있었으며, 그들은 유대교를 믿고 있었다.

유대교는 4천 년의 역사가 있으며 '사람들은 서로 도우며 살아야 한다'라는 상호부조를 가르치는 종교였다. 그러나 예수 그리스도 시대에 이르러서는 이미 유명무실해졌으며, 사람들은 유대교의 기본은 지키지만 본질적으로 서로 도우려는 의식은 희박해졌다.

이에 대해 이의를 제기하고 서로 사랑하라는 것을 설파한 것이 그리스도인 것이다. 그리스도의 가르침은 사람들 사이에 공명을 일으켰으며, 기독교는 눈 깜짝할 사이에 확산되었다.

그러나 그리스도는 재판에 넘겨지고 십자가에 못박혀 처형당했다. 그런데 그리스도 사후 그 가르침은 점점 더 확산되어 갔다. 그리스도의 제자들은 '교회'를 만들었고, 그것은 교단으로 급격하게 확대해 갔다.

처음에 로마 제국은 기독교를 금지하였다. 그러나 기독교가 확산되는 것을 막을 수 없다는 것을 알고 4세기 로마 제국 황제 콘스탄티누스가 역으로 로마 제국 통치에 이용하려고 한 것이다.

당시 기독교는 몇 가지 종파로 나뉘어 있었으나 콘스탄티누스는 그중에서 아타나시우스파(아타나시우스Athanasius의 교의를 신봉하는 일파)라는 종파를 기독교의 정통 종파로 내세우고, 그 외의 종파는 이단으로 규정하였다. 즉 콘스탄티누스가 기독교의 아타나시우스파를 국교로 보증해줌으로써 기독교의 간접적인 지배자가 되었다.

콘스탄티누스의 이 기독교를 이용한 회유책의 큰 목적 중 하나가 '징세'였다. 국가와 기독교를 결부시킴으로써 '기독교도라면 국가에 세금을 내라'는 식으로 몰아세운 것이다. 기독교도의 '신앙'을 '세금'과 연결시켜 세금을 낼 수밖에 없게 만든 것이다.

디오클레티아누스와 콘스탄티누스의 조세개혁은 일단은 성공하였고, 로마 제국은 예전의 융성을 되찾게 되었다. 그러나 이 조세 개혁도 그리 오래가지는 못했다. 또다시 세수 부족이 해소되지 않았기 때문에 세금을 매우 가혹하게 징수했던 것이다.

세금을 내지 않는 자에 대해서는 종종 고문을 하기도 했다. 로마시민 중에는 세금을 내지 못해 아이를 노예로 팔거나 스스로 노예로 몰락하는 자가 속출했다.

또한 디오클레티아누스의 징세 시스템을 수행하기 위해서는 거대한 관료 조직이 필요했다. 이 관료 조직을 유지하기 위해서라도 고액의 세수가 필요하게 되었다.

관료 조직은 거대해질수록 부패할 가능성도 높아진다. 부유한 귀족과 대지주들은 뇌물을 써서 세금을 면제받거나 세금을 낮게 책정 받았다. 뇌물을 주지 않은 로마의 시민과 농민들은 귀족과 대지주에게 자신이 가진 토지와 자산을 기부하고 그 밑으로 들어갔다.

이 때문에 귀족과 대지주의 세력이 점점 비대해지고 국가의 형태가 무너져 간 것이다.

'세금을 면제 받은 특권계급이 비대해진다'는 현상은 국가가 붕괴할 때 나타나는 매우 전형적인 패턴이다.

일본에서도 헤이안平安 시대에 세금 회피를 위해 농민들이 유력한 귀족과 사찰에 농지를 기부했다고 한다. 소위 말하는 장원莊園이다. 이 장원이 넓어지면서 귀족과 사찰의 세력이 거대해지고, 국가의 중앙 집권력은 약화되어 각지에 유력자가 할거하는 '봉건시대'가 열린 것이다.

디오클레티아누스, 콘스탄티누스 시대로부터 약 100년 후, 고대 로마는 동서로 분열되고 쇠퇴하게 되었다.

유대인의 방랑은
과도한 세금을 피하기 위해서였다

세계사에 자주 등장하는 '유대인'. 그들은 방랑의 민족으로 일컬어지며, 전 세계에 흩어져 살고 있다. 유대인들은 대체 누구인가?

유대인이란 지금부터 약 4,000년 전에 지금의 팔레스티나 지방에 있던 사람들을 시조로 삼는다. 그들은 유대교라는 종교를 믿고 성서를 편찬해 왔다. 그러나 주변에 강대국이 출현하여 침공을 받으면서 세계로 흩어져 방랑하게 되었다.

유대민족이 있었던 팔레스티나 지방은 중동의 요충지로, 지중해에 면해 있다. 유럽, 아랍 문명은 지중해를 중심으로 발전했기 때문에 유대민족도 지중해의 발전과 함께 생겨난 것이다. 이 지중해 지역은 강대한 국가들이 출현해 주위를 침공하거나 격한 세력 분쟁이 빈번하게 일어나던 곳이다. 고대 메소포타미아, 고대 이집트, 고대 로마가 그러했다.

소국들은 그럴 때마다 대국에 휘둘렸다. 유대민족도 그러한 소국 중하나였다. 유대민족은 지중해의 소용돌이치는 패권전쟁 속에서 국가가소멸되거나 노예로 끌려가면서 방랑을 하게 된 것이다.

보통 국가가 소멸되거나 노예로 끌려가면 그 민족은 구름처럼 흩어지고 안개처럼 사라져버리고 만다. 그렇게 소멸된 민족은 오랜 인류사속에서 셀 수 없을 정도로 많다. 그런데 유대인만이 방랑을 하면서도끝까지 살아남은 이유는 그들이 유대교를 버리지 않았기 때문이다.

그들은 국가가 없어지고 각지에 흩어진 후에도 유대교를 계속해서믿었다. '유대교의 신앙', 이 하나로 유대민족은 그 존재가 4천 년이나 이어져온 것이다.

유대인은 오랜 역사 동안 모든 곳에서 마이너리티였으며, 이교도였기 때문에 종종 박해와 추방을 당해 왔다. 그때마다 유대인은 그들을 받아주는 곳을 찾아 세계를 떠돌았다.

그런데, 이 유대인의 방랑은 사실은 무거운 세금으로부터 도피하기 위한 방랑이기도 했다.

강대국들이 유대인을 박해할 때, 무력을 이용해 재산을 빼앗는 경우도 있었으나 무거운 세금을 부과하여 간접적으로 수탈을 가한 경우도 있었다. 유대인들에게 견딜 수 없는 과도한 세금을 부과함으로써 재산을 빼앗거나 토지에서 추방한 것이다.

예를 들어《구약성서》에는 모세가 노예가 된 유대인들을 인솔하여 이집트로부터 탈출하는 '출애굽기'라는 이야기가 있다.

유대인들은 처음에는 이집트 파라오에게 좋은 대우를 받았으나 어떤 시기에 이르러 갑자기 노예가 되어버렸다. 이 때문에 유대인들이 이집트를 탈출한 것이다.

이때도 과중한 세금을 부과 받아 납부를 하지 못했기 때문에 노예가 된 것이 아닌가 하는 학설이 있다. 이것이 기원전 1300년 무렵이라고 한다.

기원 전후에는 로마 제국의 지원을 받은 헤롯^{Herod} 왕에 의해 이스라엘에 유대왕국이 만들어졌다. 헤롯 왕은 유대인이나 유대민족의 지지를 얻은 왕은 아니었다. 헤롯 왕은 로마 제국을 교묘하게 속이고 유대인의 국가를 만든 것이다. 그러나 그 대신 로마 제국은 이 유대인 국가에 무거운 세금을 부과하였다.

당시의 유대인에게는 로마 제국에 납부하는 십일조와 신전의 건축, 보수를 위한 신전세 외에 유대교 교회에 납부하는 기부금도 있었다. 그리고 전술한 바와 같이 로마 제국의 세금에는 '징세 청부인'이라는 제도가 있었다.

많은 유대인들이 경제적으로 어려운 생활에 처해 있었으나 한편으로는 처세에 능해 부유한 생활을 하는 부류도 있었다.

예수 그리스도는 이런 시대의 유대왕국에 태어났다. 예수 그리스도의 가르침의 요체는 '서로 돕는 것'(상호부조)이었으나 그것은 유대인 사회의 큰 고통이었던 과중한 세금에 대한 해결책이기도 했다.

예수 그리스도는 징세인에 대해서는 '정해진 이상의 세금을 취해서는 안 된다'고 타이르고, 유대교회의 성직자에 대해서는 폭리를 취하고 있다고 강하게 규탄하였다.

이 예수 그리스도의 가르침을 유대인 사회는 받아들이지 못하고 그를 고발하고 처형시켜버렸다. 그것이 후일 유대인에 대한 박해의 구실이 되었다.

이와 같이 로마 제국 하에서 과중한 세금을 강요받던 유대인들은 헤롯 왕 사후에는 더욱 가혹한 존속의 위기를 맞이하게 되었다.

로마 제국과 유대민족의 관계가 악화되고, 기원후 66년에 제1차 유대−로마 전쟁이 발발했다. 유대인들은 과도한 세금 때문에 로마 제국에 반감을 가지고 있었는데, 로마 제국 총독이 유대신전의 보물을 가지고 가려 한 것이 이 전쟁의 발단이 되었다. 유대인들은 결속하여 저항하였으나 상대는 강대한 로마 제국이었다.

기원후 70년에는 예루살렘이 함락되고 유대인 국가인 헤롯왕국은 소멸된다.

그리고 기원후 72년에는 로마황제 베스파시아누스^{Vespasianus}가 국가를 잃은 유대인에 대해 특별세를 만들었다. 이 유대인 특별세는 약 300년 간 유대인을 계속해서 괴롭혔고, 362년 율리아누스^{Julianus} 황제에 의해 폐지되었다.

그러나 로마 제국이 멸망하고 서로마 제국이 된 813년, 유대인 특별세가 부활하였다. 게다가 이 유대인 특별세는 이전보다 더욱 가혹한 것이었다. 헤롯왕국 소멸로부터 1947년 이스라엘 건국까지 유대인은 국가가 없는 방랑 민족이 되었는데, 이는 로마 제국과 서로마 제국의 과중한 세금을 피하기 위한 것이기도 했다.

이후 유대인은 유럽 각지와 아랍, 아프리카, 아시아 등 세계 각지에 흩어져 살게 된다.

유대인들은 어디를 가든 유대교를 놓지 않고, 독특한 생활습관을 가지고 있었기 때문에 종종 박해의 대상이 되었다. 유대인의 거주를 허가한 국가라도 유대인의 거주지역을 정하거나, 게토^{ghetto}라 불리는 좁은 지역에 격리시키는 경우도 있었다.

그리고 과중한 세금을 부과했다. 특히 기독교 사회는 유대인을 심하게 학대했다.

유대인이 대부업을 하게 된 이유

유대인들이 과중한 세금을 부과 받거나 습격을 받은 것은 유대인들 중에 부자가 많았던 이유도 있다. 유대인은 국가가 없이 방랑하는 민족이지만 예로부터 부자가 많기로 유명했다.

또한 유대인들 중에는 '대부업'과 '환전상' 등 금융업자가 많았다. 중세 유럽에서 유대인은 금융업자의 대명사처럼 인식되었다. 셰익스피어의 《베니스의 상인》에도 탐욕의 상징으로 샤일록이라는 유대인 고리대금업자가 등장한다.

유대인이 금융업자의 대명사로 불리게 된 것은 유대교 때문이 아니다. 기독교도 유대교도 대부업이라는 직종을 용인하지 않았다. '가난한 자로부터 탐해서는 안 된다'라는 가르침이 있었기 때문이다.

그러나 고대부터 기독교도에게도, 유대교도에게도 대부업 종사자는 있었다. 그리고 현대와 마찬가지로 빚 때문에 괴로워하는 사람들도 많이 있었고, 이것이 사회적 문제가 되기도 했다.

그러한 이유로 1139년 제2회 라테란 공의회^{Lateran council}(가톨릭교회의 세계 종교회의)에서는 기독교도에 의한 고리대금업을 금지했다. 이는《신·구약성서》에 나오는 폭리를 금지하는 서술, 예를 들어 '아무것도 기대하지 말고 빌려주라'《누가복음서》라는 교리에 의거한 것이었다.

유대교에도《구약성서》에 '가난한 자에게 이자를 받지 말고 빌려줘야 한다'라는 서술이 있다. 표면적으로는 이자를 취하는 것이 금지되었던 것이다.

그러나 11세기 프랑스에서 유대교의 랍비(지도자)인 요셉 벤 사무엘 드 엘렌이 "우리 유대인은 국왕과 귀족에게 세금을 내야 하며, 생활비를 벌어야 하기 때문에 대부업을 금지하지 않는다."라는 해석을 내놓았다. 그 이후, 유대인들은 공공연하게 대부업을 생업으로 삼기 시작했다.

이때 유대인 콜로니^{colony}(집단거주지) 중에는 대부분의 주민이 대부업을 하는 곳도 있었다. 유대인 대부업은 처음에는 전당포와 같은 규모로 시작하여, 나중에는 귀족과 궁정에까지 돈을 빌려주는 자가 나타났다.

기독교가 아무리 대부업을 금지해도 세상에는 융자가 필요한 사람들이 있다. 그러한 사람들은 유대인들로부터 돈을 빌릴 수밖에 없었다.

유대인 대부의 이율은 30~60%로, 지금의 일반 소비자 금융과는 비교할 수 없을 정도로 높았다. 게다가 복리 계산이었기 때문에 조금만 변제가 지체되면 갚아야 할 돈이 빌린 원금의 몇 배로 불어났다. 당연히 변제 불능의 상태에 빠지거나 재산을 몰수당하는 사람들이 많이 생겼다. 그리고 이는 점점 유대인들에 대한 증오로 발전했다.

이처럼 고리대금업자에 대한 증오가 유대인 추방으로까지 이어졌다.

1275년 영국의 에드워드 1세는 유대인에 대해 대부업을 금지시켰다. 그 대신 농업과 기타 산업에 종사하도록 했다. 그러나 충분한 토지를 부여 받지 못하고, 장사를 하려고 해도 길드^{guild}(동업자조합)에서도 추방당한 상황이었기 때문에 유대인들은 생계를 유지하기 위해 계속해서 몰래 대부업을 이어갔다.

이로 인해 국왕이 분노하여, 1290년 유대인들에게 영국으로부터 추방명령을 내렸다. 다른 서유럽 여러 나라도 영국에 이어 유대인을 추방했다.

세금을 회피하기 위해 개발된 금융 시스템

현재 사용되는 금융 시스템 중에는 유대인이 개발, 발명한 것이 많다. 예를 들어 자본주의에 없어서는 안 되는 유가증권을 발명한 것도 유대인이다. 이 발명은 실은 유대인들이 과중한 세금과 수탈에서 벗어나기 위해 고안해 낸 것이었다.

유대인 중에 대부업자가 많았던 것은 앞에서도 서술하였으나 그들은 돈을 빌려줄 때 차용서를 채권으로 유통시켰다. 그리고 차용서를 팔거나 어음할인을 한 것이 서양에서의 유가증권의 시작이라고 할 수 있다.

유대인에게 유가증권은 매우 중요한 재산이었다. 언제 추방당할지 모르고 언제 재산을 몰수당할지 모르는 상태에서 자산을 '현물'로 가지고 있는 것은 위험했다.

현물은 빼앗기고 나면 아무것도 남는 것이 없다. 그러나 유가증권이라면 본인만 사용 가능하기 때문에 빼앗길 염려가 없다. 또 추방당할 때도 종이 한 장만 가지고 가면 된다. 무겁게 들고 다닐 필요가 없다.

유대인에게 있어 유가증권은 여행자용 수표와 같은 것이었다. 이 때문에 증권거래소가 설치되었을 때 유대인은 가장 적극적으로 참여했다. 영국에서 처음으로 프로 주식중개인이 된 것도 유대인이라고 한다. 또한 무기명채권을 생각해낸 것도 유대인이었다.

중세부터 근대에 이르기까지 유대인의 재산은 세금으로 갑자기 몰수당하는 일이 종종 있었다. 특히 지중해 무역에서 스페인 해군은 배와 화물이 유대인 소유임을 알게 되면 합법적으로 몰수했다. 이 때문에 유대인들은 해상 보험을 포함하여 무역 관계의 모든 서류에 가공의 기독교도 이름을 사용하게 되었다. 이것이 무기명 채권으로 발전하게 되었다.

PART 4

이슬람 제국과
몽골 제국의 세금 전략

세금을 회피하기 위해 이슬람교로 개종

로마 제국 말기에 아랍 지역에 돌연 거대한 세력이 출현한다. 바로 이슬람 제국이다.

서기 601년 즈음 메카의 상인이었던 마호메트는 유대교의 《구약성서》를 기초로 하여 자기 나름대로 해석하고 발전시킨 '이슬람교'를 만든다. 이 이슬람교는 눈 깜짝할 사이에 중동, 북아프리카, 스페인을 석권한다.

이 이슬람 제국은 교단과 국가가 완전히 일치된 '종교국가'였다. 그래서 이슬람교가 확산됨과 동시에 국가의 세력 범위도 넓어진 것이다.

현재의 이슬람교는 의식이 특이한 종교의 이미지를 강하게 가지고 있다. 그러나 당시 사람들에게는 매우 새로우며, 합리적인 종교였다.

여러 가지 해석이 가능한 《구약성서》와 달리 이슬람교에선 '이러한 때에는 이렇게 해야 한다'라는 지침이 명확했다. 그렇기 때문에 법질서가 제대로 정비되지 않았던 당시의 사람들에게는 사회질서를 유지하기 위한 유효한 아이템이기도 했다. 또한 금주와 돼지고기 금지 등도 당시의 위생 환경, 사회 상황을 보면 안전한 사회를 만들기 위한 유효한 해결방법이라고 말할 수 있었다.

이슬람교는 또 하나의 매력을 가지고 있었다. 그것은 '세금이 적다'는 점이었다. 이 시대, 즉 구舊 로마 제국의 서민들은 무거운 세금에 괴로워하고 있었다. 당시 구 로마 제국의 많은 지역에서 토지세와 인두세가 부과되었다. 이는 기독교도라면 반드시 지불해야 하는 것이었다.

앞서도 말했듯이 로마 제국은 기독교를 국교로 삼고 교회와 결부시켜 무거운 세금을 부과하고 있었다. 교회를 통해 '기독교 신자라면 세금을 납부해야 한다'는 말을 들으면 기독교도들은 세금을 내지 않을 수 없었다.

그 기독교도들에 대해 마호메트는 '이슬람교로 개종하면 인두세를 면제해준다'고 설득하였다. 이 때문에 인두세 때문에 괴로워하던 기독교도들이 모두 이슬람교로 개종한 것이다.

이슬람 제국의 징세 업무는 정복지에 대해서도 관대했다. 예를 들어 이슬람 제국의 정복 이전인 이집트에서는 토지세를 금화 또는 은화로 납세해야 했다. 이슬람 제국에서는 그것을 금화, 은화 상관없이 서민의 형편에 맞는 것(곡물 등)으로 납세를 할 수 있도록 했다. 게다가 이슬람교도가 가축방목으로 사용한 토지에 대해서는 토지세를 면제해 주었다.

또한 인두세는 '이교도의 상인'에게만 부과했고, 이교도라 해도 농민에게는 부과하지 않았다. '이교도의 상인'도 불경기일 때는 면제를 해주었다.

이슬람 제국의 징세 업무에 관한 포고에 다음과 같은 것이 있다.

'그들에게 간 재산을 몰수하려고 하지 말라. 토지세 부족을 보완하기 위해 그들이 소지한 것을 팔지 말라. 세금은 어디까지나 여분의 것에서 취하도록 하라. 만약 내 명령에 따르지 않는다면 신은 너를 벌할 것이다.'

또한 이슬람 제국은 개종하지 않은 자에게도 결코 거칠게 대하지 않았다. 기독교도, 유대교도는 '교전教典의 민족'으로서 강제적으로 개종시키지 않았던 것이다.

이슬람 제국이 강하게 개종을 촉구했던 것은 '교전의 민족' 이외에 '다신교'를 믿는 자들이었다. 기독교도나 유대교도는 '인두세를 납부할 것', '이슬람교도의 남성을 쏘지 않을 것', '이슬람교도의 여자에게 손대지 않을 것', '이슬람교도의 여행자에게 친절히 대할 것' 등만 지키면 이슬람 제국 내에서도 자유롭고 안전한 생활을 할 수 있었다.

그러나 이슬람 제국에서 이슬람교, 유대교, 기독교의 모든 신도의 세금이 평등하지는 않았다. 무엇보다 이슬람교도에게는 토지세가 부과되지 않았다. 이를 본 타 종교인들은 앞다투어 이슬람교로 개종하였다. 이슬람교도가 폭발적으로 증가한 가장 큰 이유가 이 부분 때문이라고 할 수 있다. 즉 '세금을 피하기 위해 개종'한 것이다.

그러나 이슬람교도가 급격히 증가한 결과 세수가 부족하게 되었다. 또한 마호메트 사후 일정 기간이 지나자 '칼리프'caliph라 불리는 종교지도자들이 세금을 징수하고 부의 맛을 보게 되면서 종교가 부패하게 되었다. 비이슬람교의 사람들로부터 엄격하게 세금을 징수했고, 이슬람교로 개종한 사람들에게도 세금을 징수했다.

또한 칼리프들은 각지의 행정관과 군사령관에게 '징세 청부'를 시키게 되었다. 로마 제국 등에서 민중들이 극도로 싫어했던 그 '징세 청부 제도'가 이슬람 제국에도 도입이 된 것이다. 민중들의 고통이 가중되었다.

징세 청부인들의 힘은 점점 강해졌고 징세 청부인인 행정관과 군사령관이 징수한 세금의 80%를 차지하고 나머지 20%만 상납하면 되었다.

그러나 감독하는 사람이나 기관이 없었기 때문에 징세 청부인들은 세금을 계속하여 징수하였고, 그 대부분을 차지했다. 실제로는 20%는 커녕 5%도 상납하지 않았다는 설도 있다. 그 결과 이슬람 제국은 쇠퇴했고, 몽골 제국이 발흥하자 멸망하게 되었다.

세계 경제를 바꾼 몽골 제국

13세기, 세계를 뒤흔든 사건이 일어났다. 바로 몽골 제국의 출현이다.

아시아의 초원지역에서 유목민으로 생활하던 몽골인들은 압도적으로 강력한 기마군단을 보유하고, 눈 깜짝할 사이에 유라시아 대륙을 석권해 중국, 중앙아시아, 중동, 동유럽에 걸친 대제국을 건설하였다.

몽골 제국이 급속히 확장한 가장 큰 이유는 물론 그 전투 능력에 있다. 몽골 지방의 유목민은 원래 전투 능력이 뛰어난 민족이었다. 말을 잘 타고, 급습에 능했다. 중국에 만리장성이 만들어진 것도 이 북방 유목민들의 침공을 막기 위한 것이 가장 큰 이유일 정도였다.

그러나 각기 부족별로 흩어져 있었기 때문에 그때까지는 강력한 군사력에 비해 크게 위협적이지 않았다. 그렇게 난립한 각 부족을 통일시키고 하나의 국가를 세운 것이 칭기즈칸이다.

원래부터 전투 능력이 뛰어났던 민족이 일치단결하였으니 강대국이될 수밖에 없었다. 금세 주변 국가들을 정복하고 순식간에 아시아뿐 아니라 유럽의 대부분을 손 안에 넣게 되었다.

야만스러우며 전쟁에만 강해 보였던 그들은 국가 시스템 구축도 훌륭히 해냈다.

칭기즈칸 몽골 제국의 정치, 경제의 특징은 바로 '유연성'이었다. 그들은 자신들이 정치, 경제, 문화 측면에서 중국, 유럽, 이슬람에 비해 뒤처져 있다는 사실을 잘 알고 있었다. 그렇기 때문에 자신들의 문화를 식민지에 강요한 것이 아니라 식민지의 문화를 인정하고 적극적으로 받아들이는 정책을 펼친 것이다.

그들은 기본적으로 현지의 법 체제, 경제 체제를 존중하는 유연한 식민정책을 취했기 때문에 조공격인 세금만 잘 내면 식민지 사람들은 이전과 똑같은 생활을 영위할 수 있었다.

또한 그들은 식민지에 종교의 자유도 인정했기 때문에 유럽과 아랍에서 있던 종교적인 대립도 자취를 감추었다.

물론 몽골 제국이 그러한 유연한 정책만으로 세력을 확대시켰던 것은 아니다. 적지를 공략할 때 격하게 저항하는 도시에 대해서는 철저한 파괴와 학살을 하였다. '저항을 하면 어떻게 되는지' 분명하게 적에게 보여주었다.

반면에 저항하지 않고 순순히 항복하면 무력을 쓸 필요가 없었다. 이 때문에 싸우기도 전에 항복하는 국가도 끊이지 않았다.

몽골군은 식민지에도 최소한의 주둔군만 남겨두었다. 그러나 만약 주민이 주둔군에게 위해를 가하거나 봉기를 일으키면 부대를 파견하여 철저하게 탄압을 하였다.

또한 몽골 제국은 세계적인 유통혁명을 일으켰다.

제5대 황제 쿠빌라이칸 시대에 제국 내에서의 관세를 일원화시켰다. 그때까지는 무역품이 각 도시의 항구, 관문을 통과할 때마다 관세가 부과되었다. 이를 쿠빌라이칸은 매각지에서 한 번만 지불하면 되도록 했다. 그에 대한 세율도 3.3%로, 비교적 높지 않았다.

그 결과 몽골 제국 시대의 유럽, 중근동, 동남아시아, 중국 등 광대한 지역에서 자유로운 교역이 활발히 이루어지게 되었다. 유럽과 아시아 사이에 교역이 번영하게 된 것은 몽골 제국 이후의 일이다.

몽골 제국을 붕괴시킨
탈세자 '장사성'張士誠

선진적인 경제정책을 채택하고 세계 교역의 발전을 가져다 준 몽골 제국의 번영은 고작 100년밖에 가지 못했다. 이유는 여러 가지를 들 수 있겠으나 가장 큰 것은 '재정 파탄'이었다.

칭기즈칸 사후 몽골 제국은 그 자손들에 의해 분할 통치되었다. 그런데 그들은 광대한 제국에 쌓인 조공으로 인한 막대한 부를 얻게 되자 자기들도 모르게 엄청난 낭비에 빠져들게 되었다.

마르코 폴로^{Marco Polo}의 《동방견문록》에 의하면 몽골 제국의 최고수장인 쿠빌라이칸의 4명의 황후에게는 각각 1만 명의 신하가 있었다고 한다. 또한 쿠릴타이로 불리는 집회 때마다 각 국왕들에게 막대한 포상이 주어졌다.

몽골 제국의 정치, 경제의 주요 자리는 당연히 몽골인들 차지였다. 여기에도 거액의 이권이 개입되어 있었다. 대신들과 군 간부는 몽골인들이 독점했는데, 그 보수가 지나치게 고액이었던 것이다. 고위 대신이 되면 은 5,000냥 외 비단 6,000필이 주어졌다.

이런 상황이니 아무리 막대한 부를 쌓았다 하더라도 감당이 안 되는 것은 당연했다. 결국 몽골 제국의 재정 상태는 점점 악화되었다. 몽골 제국 말기 1311년의 재정 내용을 보면 세입이 약 400만 정^錠(1정은 50냥)인 데 비해 세출이 약 2,000만 정이나 되었다. 세입에 비해 세출이 5배였던 것이다.

몽골 제국이 어떻게 그 재정적자를 보전했느냐 하는 의문이 생길 것이다. 결론은 '소금'이었다. 그들은 소금을 전매하여 중요한 재원으로 삼고 있었다.

사실 소금의 전매는 고대 중국에서부터 행해져 오던 것이었다. 몽골 제국은 그것을 최대한 확대한 것이다.

몽골 제국의 소금 전매 방법은 두 가지로, 각 가정에 일정량의 소금을 나누어주고 그 대금을 세금으로 징수하는 '식염법'과 상인에게 '염인'鹽引이라는 소금교환권을 주고 독점적으로 소금 매매를 하게 하는 방법이었다.

소금의 교환권인 '염인'은 화폐 대신 사용되었다. 몽골 제국은 이 '염인'을 대량 발행하여 재정적자를 보전해 갔다.

그런데 소금을 중요한 재원으로 삼는 것은 서민들에게는 민폐였다.

사람은 소금을 섭취하지 않으면 살 수 없다. 바닷가에 살고 있는 사람이라면 필요할 때마다 바닷물을 이용해 염분을 섭취할 수 있을 것이다. 그러나 해안에서 먼 내륙에서 살고 있는 사람이라면 반드시 소금을 구입해야 한다.

중국의 경우 바닷가에 살고 있는 사람은 인구의 일부뿐이었다. 많은 사람들은 해안에서 멀리 떨어진 내륙에 살고 있다. 소금을 사지 않을 수 없었다. 때문에 중국에서 소금에 세금을 매기면, 정부는 막대한 세수를 얻을 수 있는 것이다.

그런데 소금에 고액의 세금을 부과한다는 것은 민중으로부터 고액의 세금을 착취하는 것과 같다. 부유층도 빈곤층도 살아가기 위해서는 일정량의 염분이 필요하다. 따라서 아무리 가난해도 소금을 사지 않을 수는 없는 것이다.

몽골 제국의 경우 최종적으로는 재원에서 차지하는 소금의 비율이

80%까지 달했다고 한다. 당연히 소금의 가격은 매우 비쌌다.

사람들은 매우 곤란함을 느꼈다. 공정업자로부터 사는 소금의 가격은 매우 비쌌으며, 국가로부터 배부 받은 소금은 품질에 문제가 있었다.

이 때문에 소금을 암거래로 판매하려는 움직임이 생기게 되었다. '밀거래 소금'의 판매업자가 나타난 것이다.

이 업자들은 중국 고대부터 존재했으며, '염도'鹽徒라고 일컬어졌다. 그리고 이 '염도'를 단속하는 군은 '염군'鹽軍이라고 불렀다.

대다수의 서민들에게 정상적인 소금 가격은 매우 비쌌기 때문에 사기가 어려웠다. 그렇기 때문에 '염도'는 서민들의 입장에서는 생명 줄과도 같은 것이었으며, 저렴하고 안전한 밀거래 소금을 제공해주는 사염업자들은 서민들에게는 정의의 편이기도 했다.

사염업자들은 밀거래 소금을 취급했다. 때문에 무뢰한이 많았는데, 시장이 큰 만큼 그들의 세력도 급격하게 커져갔다. 그리고 사염업자 중에는 정부에 반기를 들고 무장하는 자들도 있었다.

중국에서는 고대부터 사염업자가 큰 세력을 형성하는 경향이 있었다. 한나라 시대부터 이미 소금에 과세가 되었기 때문에 사염업자의 중요성이 컸으며, 세간에서 사염업자의 존재감도 컸다.

사염업자 중에는 국왕까지 된 경우도 있었다. 전촉前蜀을 건국한 왕건王建과 오월吳越을 건국한 전류錢鏐도 원래는 '염도'였다.

몽골 제국 말기에도 그러한 인물이 출현하였다. 그가 바로 장사성張士誠이라는 인물이다.

장사성은 몽골 제국 붕괴에 중요한 역할을 하게 된다. 장사성은 태주泰州 백구장白駒場(현재의 강소성 염성시) 출신이다. 이 태주 백구장은 현재의 지명이 '염성시'鹽城市인 것에서도 알 수 있듯이 고대로부터 중국의 중요한 소금 산지였다.

장사성도 원래는 이 태주 백구장에서 소금중개업을 하고 있었으나 나중에 사염업자가 되었다. 그는 아마도 강한 뱃사람 같은 느낌의 인물이었던 것 같다.

소금 매매에는 여러 이권이 얽혀 있어 업자들과 지역들 간의 분쟁도 끊이지 않았다. 또한 도적에게 습격당하는 일도 종종 있었다. 그리하여 동종업자들끼리 도당徒黨을 조직하여 무장하는 일도 빈번했다.

장사성도 그렇게 동종업자들을 총괄하여 도당을 조직하면서 반정부적인 무력 집단의 수장이 되었다. 처음에는 3명의 제자를 포함한 18명의 단체에 불과했으나 눈 깜짝할 사이에 수만 명의 규모로 커졌다고 한다.

이 장사성의 무장집단은 태주 백구장 일대를 장악하고 1354년에는 장강長江, 북안北岸의 요충지 '고우'高郵를 공격하여 함락시켰다. 이때 장사성은 스스로를 '성왕'誠王이라 칭하고, 국호를 대주大周로 하였으며, 연호를 천우天祐로 정했다.

물론 몽골 제국은 대부대인 토벌군을 파견했다. 그러나 장사성은 우여곡절 끝에 이 토벌군을 물리친다. 소금 밀거래 수익으로 상당한 군비를 비축했던 장사성에 비해 몽골 제국 토벌군은 각지에서 모아서 결성된 군으로 통제가 되지 않았으며 사기도 낮았다.

1356년에는 장강을 건너 평강平江을 제압했다. 평강이라는 곳도 소금의 주요 산출지였다. '염도'인 장사성은 소금의 주요 산지를 목표로 공략해 갔다.

이 평강 점령은 몽골 제국에 큰 타격을 주었다. 평강을 점령한 장사성은 회남, 회북 '양회'를 차지하고 통치를 하게 되었다. 회남, 회북은 중국 제3의 강 회하淮河의 양안 지역이다.

이 지역은 고대부터 중국 최대의 소금 산지였다. 10세기 무렵의 통계에 따르면 전국의 소금 중에 반 이상을 이 지역에서 생산하였다고 한다. 물론 몽골 제국에 있어서도 재정상으로 매우 중요한 지역이었다. 그런 지역을 장사성이 통째로 빼앗아버린 것이다.

앞서 서술한 바와 같이 당시의 몽골 제국은 재원의 80%를 소금이 차지하고 있었다. 그러므로 최대의 소금 생산지를 빼앗긴 것은 가장 큰 재원을 잃은 것과 마찬가지였다.

이 시기에 몽골 제국은 급속하게 세력을 잃어가게 되는데, 이는 장사성의 회하 점령이 적지 않은 영향을 미쳤다. 또한 이렇게 중요한 지역을 호족에게 빼앗긴 것은 몽골 제국의 군사력이 약화되었다는 것을 의미했다.

그러나 장사성의 입장에서는 유감스럽게도 몽골 제국의 쇠퇴와 동시에 '주원장'朱元璋이 급속하게 세력을 확대하고 있었다. 주원장은 몽골 제국 말기의 호족으로, 후에 중국을 지배하는 '명'明 제국의 시조이다.

이미 큰 세력을 이룬 주원장은 장사성에 대해 '나의 부하가 되어 함께 몽골 제국과 싸워 달라'고 요청한다. 주원장에게 경쟁의식을 가지고 있던 장사성은 주원장의 부하가 되는 것을 탐탁치 않게 여겨 몽골 제국에 항복했다. 몽골 제국은 장사성을 받아들이고 고위 관리로 대우해 주었다.

그러나 그때 이미 몽골 제국의 명운은 다했으며, 주원장은 중국 전역을 제압하고 대명 제국을 건국했다. 장사성은 마지막까지 주원장에게 저항했지만 중과부적으로 멸망하고 말았다.

어쨌든 소금세의 탈세자인 장사성이 몽골 제국 붕괴에 큰 영향을 끼쳤음에는 틀림없다.

이슬람으로 개종하면 세금을 감면해준 오스만 투르크의 세금 제도

한때 분열하고 세력이 약해졌던 이슬람권이었으나 마호메트 사후 600년이 지나고 초기 이슬람 제국의 색채를 계승한 대제국이 탄생한다. 바로 오스만 투르크이다.

오스만 투르크는 1299년 소아시아의 오스만Osman이라는 작은 호족으로부터 발전한 국가이다. 14세기부터 15세기 전반에 영토를 대폭 확대하고, 1453년에는 비잔틴 제국의 수도 콘스탄티노플을 공략하여 로마 제국의 후예를 근절시켰다.

이 일은 기독교 세계에 큰 충격을 주었다.

그 후 발칸반도에도 진출하고 16세기 초에는 이집트의 맘루크 왕조를 지배하에 두었다.

오스만 투르크의 전성기에는 현재의 우크라이나 등의 동유럽부터 아랍 전체, 서아시아, 서아프리카까지 달하는 대제국이 되었다. 현재의 중근동 전역은 오스만 투르크의 지배하에 있었던 것이다.

이 오스만 투르크도 이슬람 제국의 조세 제도를 계승하였다. 오스만 투르크는 발칸반도 등 기독교도가 많은 지역도 지배하에 두었다. 그리고 개종을 강요하지 않았기 때문에 기독교를 계속해서 믿을 수 있었으며, 이는 유대교도들에게도 마찬가지였다.

때문에 오스만 투르크 지배 지역에서는 이슬람교뿐 아니라 기독교, 유대교도 공존했다. 단 이슬람교도와 비이슬람교도의 세금에는 이슬람 제국 시대와 마찬가지로 약간의 차이가 있었다. 조세 제도는 지역에 따라 다르지만 어느 지역에서도 이슬람교도의 세금이 약간 낮게 설정되어 있었던 것이다.

또한 비이슬람교도는 지배층이 될 수 없었으며 이슬람교도의 지배층에게는 면세 특권이 있었다. 그 특권을 누리고자 기독교도와 유대교도들이 개종하는 경우가 적지 않았다.

발칸반도의 기독교 지역에서 14세기부터 18세기에 걸쳐 대략 20%의 사람들이 이슬람교로 개종했던 것 같다.

PART 5

유럽 국왕들에 의한
교회세 탈세

유럽 국왕들을 고통스럽게 한 교회세란?

유럽의 세금을 이야기하는 데 있어 빠지지 않는 것으로 '교회세'가 있다.

기독교도라면 교회에 반드시 교회세를 내야 했다. 이 교회세는 기독교도들에게 큰 부담이 되었으며, 고대부터 현대까지의 기독교도들 생활에 큰 영향을 미쳤다.

그뿐만 아니라 유럽 여러 나라의 역사에도 큰 영향을 주었다. 이 교회세 때문에 국가가 국민으로부터 세금을 충분히 징수하지 못하고 국가 재정이 어려워져 정권이 붕괴되거나 국가 제도가 크게 바뀐 일이 많이 있었다.

'종교 단체에 기부하는 사람은 많지만 종교 단체가 세금을 징수한다는 것은 이상하지 않은가?'라고 생각하는 사람도 있을 것이다. 사실은 기독교의 교회세도 처음부터 '세금'은 아니었다.

기독교의 역사 안에서 점점 세금으로 변해간 것이다. 교회세에도 여러 가지 종류가 있는데, 그중에서도 대표적인 것이 '십일조'라는 것이다. 이 십일조는《구약성서》에 그 기원이 있다.

《구약성서》는 원래 유대교의 성경이지만 기독교, 이슬람교의 성경이기도 하며, 이 세 가지 종교의 기본적인 가르침에 대해 기술한 것이다.

이《구약성서》에는 고대 유대인들이 수확한 것의 10분의 1을 교회에 헌납했던 사실이 기재되어 있다.

예를 들어〈창세기〉에는 인류의 조상으로 여겨지는 아브라함이 수확한 것의 10분의 1을 사제왕司祭王 메르키세데크에게 바쳤다고 적혀 있다. 또한 아브라함의 자손들도 수확물의 10분의 1을 사제에게 공납했다고 적혀 있다.

이러한 기록에 의하면 유대인은 수입의 10분의 1을 팔레스티나교회에 헌납하는 것이 점점 의무화되었던 것이다.

그리고 기독교라는 것은 앞에서도 서술한 바와 같이 유대인의 예수 그리스도가 유대인 사회에서 확산시킨 가르침이다. 기독교는 유대교에서 크게 변혁한 부분도 있었으나 기본적인 구조는 유사하다. 양쪽 모두 같은《구약성서》를 성경으로 하고 있기 때문에 당연한 것이다. 그런 점에서 십일조도 관습적으로 계승되어 온 것이다.

이권이 된 교회세

이 십일조는 처음에는 유대교도와 기독교도의 자발적인 조항이었다. 그러나 기독교가 유럽에 폭넓게 보급되고 교회 조직이 커지자 십일조는 기독교도의 '명확한 의무'가 되었다.

585년에는 프랑크왕국에서 제2차 마콘^{Macon} 교부 공의회라는 회의가 이루어졌다. 이 회의에서 십일조가 기독교도의 의무로 명문화되었다.

십일조를 헌납하지 않는 자에게는 벌칙도 부여되었다. 벌칙으로는 교회 출입 금지, 파문, 심지어 집을 거두어들이기까지 했다.

그리고 십일조의 용도도 명확해졌다. 십일조는 4등분되어 하나는 현지 교회의 운영 자금, 하나는 건축 비용, 또 하나는 가난한 자에 대한 자선사업, 마지막 하나는 사교^{司敎}에게 보내는 것이었다. 사교란 지역의 교회를 관할하는 본부와 같은 것이다.

이것이 교회가 단독으로 정하는 세금이 아니라 국가적으로 인정받은 세금이 되어 갔다.

로마 제국이 기독교를 국교로 인정한 이후 유럽의 많은 국가가 기독교를 국교로 삼았기 때문에 자연스럽게 그렇게 흘러갔던 것이다.

현재 서유럽 여러 나라의 기원이 되는 프랑크왕국의 칼 대제는 779년에 "국민은 교회에 십일조를 내야 한다"고 천명하였다.

그리고 납세 방법도 구체적으로 정해 '증인 앞에서 자신이 수확한 것의 10분의 1을 나누어야 한다'고 했다. 즉 자신의 신고가 맞는지 증인 앞에서 증명해야 했던 것이다.

국왕이 그렇게 분명하게 정했기 때문에 완전히 '강제적 세금'이 되었다. 그리고 이 십일조에 의해 가톨릭교회는 윤택한 자금을 가지게 되었고, 세력 확장으로 이어졌다.

이 교회세가 세금으로 사회에 확립되어 가는 동안 '교회 비즈니스'
라고 할 수 있는 움직임도 있었다. 교회가 없는 지역에 새로 교회를 만
들면 십일조와 같은 교회세를 징수할 수 있었기 때문이다. 교회세의 대
부분은 세금을 징수한 현지의 교회에 들어간다. 사교에 '상납'하는 것은
교회세의 4분의 1이다.

그렇기 때문에 지역의 유지와 돈이 있는 사람이 새로 교회를 만드는
일이 생기기 시작했다. 그러다 보니 교회끼리 교회세 분쟁도 발생하게

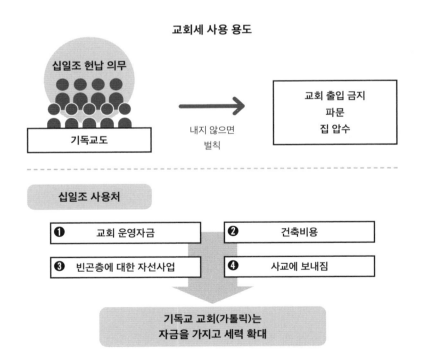

교회세 사용 용도

되었다.

그러자 기독교의 사교는 지역의 교회끼리 영역을 정하고 '새로 생긴 교회는 원래 있었던 교회의 십일조를 가로채서는 안 된다'는 등의 규칙을 세웠다. 또 귀족들은 교회를 보유하고 십일조의 징수권을 얻으려고 했다.

이윽고 십일조는 그 자체가 채권처럼 취급되었다. 교회가 자신의 지역의 '십일조를 징세하는 권리'를 팔기 시작한 것이다. 셰익스피어도 노후 생활을 위해 십일조 채권을 구입했다고 전해진다.

세계를 불행에 빠뜨린 교회세

이 교회세는 기독교 보급의 원동력이기도 했다. 새로운 교회를 만들면 지역에서 교회세를 징수할 수 있기 때문에 아직 교회가 없는 '미개척지'에 교회를 계속 세우게 되는 것이다.

교회를 세우는 측에서는 '이것은 기독교 포교를 위한 것이다'라는 대의명분이 있었다. 교회세 이권을 가지기 위해 교회를 세워도 '사람들에게 도움이 되는 것이다'는 핑계를 댈 수 있었다. 그래서 양심의 가책도 느끼지 않고 탐욕으로 교회를 세울 수 있었던 것이다.

그런데 이처럼 '교회를 세우면 징세권이 생기는 교회 시스템'은 점점 인류에게 큰 재앙을 초래하게 되었다. 이 경건한 기독교도들이 유럽 내에 그치지 않고 전 세계적으로 교회를 세우기 시작했기 때문이다.

알려진 바와 같이 15세기부터 17세기에 걸쳐 스페인과 포르투갈 등이 새로운 항로를 개척하고 전 세계적으로 식민지를 건설한다. 소위 말하는 대항해 시대이다.

이 대항해 시대는 '아시아의 향신료를 원했던 것'이 가장 큰 동기였고, 또 하나는 기독교 포교였다.

15세기 포르투갈과 스페인은 나침반, 선박기술의 발달로 인해 세계 각지로 항로를 개척했다. 이 대항해 시대는 포르투갈의 '항해왕' 엔리케 왕자 등 국가적 스폰서 없이는 불가능했다. 즉 그들의 대항해는 국가사업이기도 했던 것이다. 그리고 그 국가사업에는 기독교 포교가 수반되었다.

1494년 로마 교황이 '아메리카 대륙은 스페인과 포르투갈이 양분하라'고 명령을 내렸다. 이는 스페인과 포르투갈 사이에서 체결된 토르데시야스 조약이라 불리는 것이다. 이 조약은 서경 46도 36분을 경계로 하여 세계를 스페인과 포르투갈 양국이 양분하는 것으로, 형식상으로는 아메리카 대륙뿐 아니라 전 세계가 양분되는 것이었다.

이 로마교황의 오만함의 극치라고 할 수 있는 명령에는 '기독교 포교'라는 대의명분이 있었다. '미개한 사람들에게 성스러운 기독교의 가르침'을 알려주라는 것이다. 그리고 미개척지에 교회를 세우면 징세권이 발생하게 된다. 로마가톨릭교회 입장에서는 신자도 늘고 상납금도 늘기 때문에 반갑지 않을 수 없었다.

그러나 현지 사람들에게는 재앙이었다.

스페인은 교회세를 확대 해석하여 아메리카 대륙에서 식민 정책을 추진하기 위해 '엔코미엔다'encomienda라는 제도를 취했다. 엔코미엔다란 스페인에서 아메리카 대륙에 가는 자에게 현지인(인디오)을 기독교도로 개종시키는 역할을 맡기고, 그 대신 현지에서의 자유로운 징세권을 부여하는 것이다.

표면적으로는 '기독교 포교'를 내걸었으나 현지인으로부터 강제로 징수를 해도 된다는 허가를 준 것이나 마찬가지였다. 그래서 아메리카 대륙으로 건너간 스페인 사람들은 기독교 포교를 핑계로 수탈과 살육을 자행했던 것이다.

아메리카에서 많은 광산이 발견되었으나 거기서 채취한 금은은 모두 스페인이 가지고 갔다. 뿐만 아니라 광산 개발을 위해 많은 인디오들이 노예처럼 노동을 강요받았다. 그 결과 1492년부터 200년 동안 인디오 인구의 90%가 소멸되었다고 한다.

이 시대 스페인과 포르투갈은 앞다투어 아프리카와 아시아, 아메리카를 침공하고 가혹한 약탈행위를 하였다. 단순한 약탈이었으면 부끄러운 일이었겠지만 그들에게는 기독교 포교와 교회세 징수라는 대의명분이 있었다. 그렇기 때문에 마음껏 약탈이 가능했던 것이다.

교회세에 괴로워한 유럽의 국왕들

이 십일조에는 큰 결함이 있었다. 그것은 가난한 자의 부담이 크다는 것이었다. 겉보기에는 부유한 자도 가난한 자도 똑같이 십일조를 내기 때문에 언뜻 공평한 것처럼 보인다. 그러나 겨우 먹고 살 수 있을 정도의 수입밖에 없는 사람과 넘쳐날 정도로 수입이 많은 사람에게는 같은 십일조라고 해도 그 부담감은 천양지차라고 할 수 있다.

예를 들어 연봉 2억 원인 사람이 십일조를 낼 경우 저축한 데서 지불할 수가 있을 것이다. 그러나 연봉이 2000만 원인 사람이 십일조를 낼 경우 허리띠를 졸라매야 할 것이다.

현대 주요국 조세 제도에서는 이 결함을 보완하기 위해 누진과세라는 제도를 채택하고 있다. 누진과세란 수입이 많을수록 세율이 높아지는 제도이다. 옛날에는 누진과세 제도가 없었기에 누구나 일률적으로 십일조를 내야 했던 것이다.

또한 이 십일조라는 것은 중세 유럽 여러 나라에도 큰 부담이 되었다. 시민의 대부분이 교회에 십일조를 내느라 국가가 국민에게 세금을 징수할 여지가 없었다. 즉 시민들 입장에서는 교회에 십일조를 내기 때문에 국가에 세금을 낼 여력이 없었던 것이다.

중세 유럽 국왕이라고 하면 '절대왕정'처럼 절대적인 권력을 가지고 호화로운 생활을 누리는 이미지가 떠오른다. 그러나 실은 그렇지 않았다. 오히려 중세 유럽의 왕들은 재정적으로 매우 취약했다.

먼저 교회에 십일조를 내는 제도가 있었기 때문에 민중에게 많은 세금을 징수할 수 없었다. 이 때문에 세수는 국왕의 직할령에만 의지하게 되었는데, 이것이 충분히 넓지는 않았다. 중세 유럽 여러 나라에서는 국가 전체가 왕의 영토가 아니라 교회, 귀족, 제후가 각자의 영지를 가지고 있었으며, 국왕은 재원이 없어지면 직할지를 매각하기까지 했다.

게다가 중세부터 근세에 이르기까지 유럽의 국왕들은 전쟁에 몰두하고 있었다. 전쟁 시 특별하게 세금을 부과하는 경우도 있었으나 서민과 귀족, 제후 등의 반발이 있어 그리 쉽게 과세할 수 있는 것은 아니었다. 따라서 중세 유럽 여러 나라의 세금이라는 것은 관세와 직접세가 주를 이루었다. 그러나 그것만으로는 세수가 너무 부족해서 유럽 각국은 어떻게든 교회세를 회피할 방법이 없는지 모색하게 된다.

왜 프랑스는 로마 교황을 유폐했을까?

이 교회세를 둘러싸고 세계사에 기록을 남기는 큰 사건도 발생했다. 14세기에 프랑스 국왕이 로마 교황을 자국에 유폐한 사건이 그것이다. 로마 교황은 로마가톨릭교회의 수장인데 교황을 납치하고 감금한 것이니 엄청난 역사적 사건이었다.

'로마 교황의 바빌론 유폐'라고 일컬어지는 이 사건의 가장 큰 이유 역시 교회세가 이면에 있다. 사건의 경위를 설명해 보면 이렇다.

14세기 초 프랑스에서는 카페 왕조 필립 4세가 국가통일을 이루고 있었다. 이 필립 4세는 영국과 격하게 대립하고 있었으며, 소소한 싸움이 끊이지 않았다. 때문에 영국과의 전쟁 군비를 조달하기 위해서 프랑스 영내에 있는 교회령에 세금을 부과하려고 했다.

그러나 로마 교황인 보니파티우스 8세는 프랑스의 교회령에 대한 과세를 인정하지 않고 1302년 프랑스에 과세금지의 통보를 했다. 그러자 필립 4세는 프랑스 국민이 로마 교회에 헌납하던 십일조를 정지시켰다. 프랑스 국민들도 교회에 내는 십일조가 부담스러웠기에 필립 4세를 지지했다. 그러자 로마 교황인 보니파티우스 8세의 분노가 폭발했다. 반격으로 필립 4세에 대한 교회의 파문을 슬쩍 내비쳤다.

이에 대해 필립 4세가 취한 행동이 바로 로마 교황 보니파티우스 8세를 납치한 것이었다. 1303년 9월, 필립 4세의 고문인 기욤 드 노가레가 인솔한 납치단이 로마 교외의 아나니에 있던 보니파티우스 8세를 급습하였다. 허를 찔린 보니파티우스 8세는 납치된 채 그대로 유폐되어버렸다.

그리고 납치단은 보니파티우스 8세에게 퇴위를 요구했다. 보니파티우스 8세가 퇴위를 승낙하지 않자 납치단은 그 자리에서 죽일지 프랑스로 데리고 갈지 고민에 빠졌다.

그러는 동안 로마 시민들이 나서서 보니파티우스 8세를 간발의 차이로 구해냈다. 그러나 보니파티우스 8세는 한 달 후 지병인 결석으로 급사하고 말았다. 납치됐던 스트레스가 컸다고 전해지고 있다.

보니파티우스 8세가 사망한 후 프랑스는 로마가톨릭교회에 프랑스인을 교황으로 선출하도록 강하게 요구했다.

당시 프랑스는 로마교회 안에서 큰 세력을 가지고 있었다. 중세 프랑스는 경건한 크리스천 국가이며, 프랑스인 추기경도 많았던 것이다. 추기경이란 교회의 최고고문이며 교황의 선거권을 가지고 있다. 그리고 1305년에는 프랑스인인 클레멘스 5세가 로마 교황이 되었다. 프랑스는 이 클레멘스 5세에 대해 교황청을 프랑스로 이전하도록 촉구했다.

1309년 이 클레멘스 5세가 프랑스 국왕 필립 4세의 요청을 받아들여 교황청을 남부 프랑스의 아비뇽으로 이전시켰다. 가톨릭교회의 '천도'와 같은 것이다. 이로 인해 프랑스에서 로마에 보내던 교회세는 프랑스 국내에 남아 있게 되었다. 프랑스가 이렇게까지 했던 것은 그만큼 교회세가 부담이 되었다는 뜻일 것이다.

가톨릭교회의 역사관으로 볼 때는 이 사건이 '로마 교황이 프랑스에 유폐된' 것이기에 '바빌론의 유폐'와 같은 표현을 하는데, 클레멘스 5세는 납치된 것이 아니라 스스로 프랑스로 갔던 것이다.

그리고 그 후 1377년까지 68년에 걸쳐 교황이 6번 바뀌는데, 모두 프랑스인이었다. 당연한 반응이겠지만 로마는 맹렬히 반발했다. 교황청이 프랑스로 이전되었다고는 하나 로마의 교황 시설은 그대로 남아 있고 관계자도 많이 있었다. 로마라는 지역 자체가 교황청으로 유지되었던 장소이다.

이 때문에 로마파와 프랑스파에 의한 가톨릭교회의 대분열의 위기가 닥쳐왔다. 프랑스 아비뇽 교황청 7대째 교황인 그레고리우스 11세는 중대 위기라고 느끼고 프랑스의 반대를 무릅쓰고 로마로 귀환했다. 이로써 로마교황청이 부활하게 되었다. 그러나 이번에는 프랑스 측이 맹렬히 반발했다.

프랑스는 교황이 로마로 귀환하는 것을 인정하지 않고 별도의 프랑스인을 교황으로 세워 계속해서 '교황청은 아비뇽에 있다'고 주장했다.

즉 가톨릭교회의 교황청이 두 개로 분열된 것이다.

이런 상태가 40년 가까이 지속되었다. 1417년 공의회(가톨릭교회의 세계회의)에 의해 사태를 수습하려는 시도가 있었다. 회의 결과 로마가 유일한 교황청이라고 결정되었으나 교황청의 권한보다도 '공의회'의 권한이 우선시되는 결정이 되어버렸다. 공의회란 세계의 가톨릭교회의 대표자가 모이는 회의이다. 이전에는 공의회보다 로마교황청 쪽이 강한 권한을 가지고 있었다.

1309년 아비뇽으로 '천도'된 이후 100년이 넘도록 프랑스가 로마교황청과 대립을 이어간 최대의 이유는 바로 교회세 때문이었다.

국교회國敎會를 만든 영국의 속셈

프랑스와는 다른 방법으로 교회세를 회피하려는 국가도 있었다. 영국이었다.

16세기 전반 헨리 8세의 치세 당시 영국의 기독교도들은 당연한 듯 십일조를 내고 있었다. 이것은 4등분되어, 그중 하나는 로마 교황에게 보내졌다.

세수 부족으로 고민했던 헨리 8세는 이 '십일조'에 눈을 돌렸다. 당시 기독교 사회는 '종교 개혁'으로 동요하고 있었다. 1517년 독일의 신학자 마르틴 루터 등이 교회의 형식화한 교의를 원래대로 돌리고 성서로 되돌아가는 것을 취지로 한 개혁운동을 일으킨 것이다.

이 '종교 개혁'에 의해 기독교는 두 개로 분리되고, 기존의 교회는 '가톨릭교회', 새로 생긴 것은 '프로테스탄트교회'가 되었다.

이 종교 개혁의 큰 계기는 그 유명한 '면죄부'에 있다. 교회에 고액을 기부하면 모든 죄를 용서받을 수 있다는 제도이다. 교회는 그때까지 십자군의 원정 비용을 충당하기 위해 면죄부를 발행했는데, 16세기 초에는 이탈리아의 성 피에트로 대성당의 건설 비용을 모은다는 명목으로 대대적인 면죄부가 발행되었다. 이전부터 면죄부 발행을 '이상하다'고 여긴 사람들은 많이 있었는데, 그런 사람들이 이때 폭발한 것이다.

원래 교회는 세계의 기독교도들로부터 십일조를 징수하고 있었으며 막대한 수입이 있었다. 그럼에도 불구하고 면죄부를 발행한 것에 대해 분노가 폭발한 것이다.

영국의 헨리 8세는 1534년 영국국교회英國國教會라는 새로운 교회를 만들고 '국왕지상법'國王至上法에 의해 자신이 영국국교회의 최고 자리에 있다고 선언했다.

이로써 헨리 8세는 영국 가톨릭교회의 재산을 모두 그의 수중에 넣을 수 있었다. 십일조도 당연히 자신에게 내도록 했다.

'헨리 8세는 스페인 왕녀 캐서린과의 이혼 문제로 교황으로부터 파문 당한다. 이 때문에 헨리 8세는 영국국교회를 가톨릭교회로부터 이탈시켰다'고 세계사에 기록되어 있다.

그러나 실은 이 헨리 8세의 파문은 구실에 불과했다. 간단히 말하자면 헨리 8세는 가톨릭교회로부터 파문당하도록 일부러 스스로가 그렇게 만들고 가톨릭교회와 영국의 관계를 끊어버리고 가톨릭 교회의 수입을 가로챈 것이다.

헨리 8세가 캐서린과의 이혼을 인정하도록 교황에게 요구했을 때 이미 양쪽의 관계는 악화될 대로 악화되어 있었다. 헨리 8세가 이미 가톨릭교회에 대한 십일조 헌납을 중지했기 때문이었다.

당연한 일이지만 그러한 상황에서 교황으로부터 좋은 대답이 올 리가 없었다. 예상대로 이혼은 인정되지 않고 파문을 당했다. 헨리 8세의 의도대로 일이 진행된 것이다.

PART 6

대항해 시대는 관세를
피하기 위해 시작되었다

'공해'公海의 개념을 만든
영국의 탈세 단속

고대부터 중세에 걸친 탈세 방법의 하나로 밀수密輸가 있다. 근대에 접어들면서 '자유무역'이 국제적으로 관례가 되기까지 관세는 국가의 중요한 재원이었다. 특히 중세 유럽의 국왕들은 세수를 얻고 자국의 산업을 지키기 위해 주요한 상품에 높은 관세를 부과했다.

높은 관세를 피하기 위해서는 밀수를 할 수밖에 없었다. 중세부터 근세에 걸친 유럽의 밀수는 지금처럼 극히 일부의 사람들이 불법을 감수하고 행하는 것이 아니라 '밀수 업계'와 같은 것이 존재하고 있어서 시민들도 이를 수용했었다.

그중에서도 영국은 밀수의 주역이었다. 영국에서는 '양모 수출'과 '와인 수입'에 높은 관세를 부과했다. 양모는 중세부터 근세에 걸쳐 영국의 중요한 생산품이며, 여기에 높은 관세를 부과함으로써 많은 세수를 얻고자 한 것이다. 또 당시 영국은 막대한 양의 와인을 수입하고 있었는데, 여기에도 관세를 부과함으로써 세수를 충분히 얻을 수 있었다.

게다가 와인은 프랑스의 주력 산품이었기 때문에 여기에 높은 관세를 부과하여 프랑스가 윤택해지는 것을 저지하고 자국의 와인업자를 보호하려는 의도도 있었다.

튜더 왕조(1485~1603) 시대 와인의 관세는 통상적으로는 한 통당 3실링이었으나 프랑스산 와인의 경우 그 10배 이상인 한 통당 50실링 4펜스를 부과했다. 그 결과 프랑스산 와인 판매가격의 80%는 관세였다. 즉 프랑스산 와인은 관세 때문에 원래 가격의 5배로 뛴 가격에 판매되고 있었던 것이다.

이 고액의 관세는 밀수업자 입장에서는 매우 매력적인 것이었다. 프랑스로부터 와인을 밀수해서 사들인 가격의 두 배에 판매해도 정규 가격의 반밖에 되지 않았던 것이다. 당연히 날개 돋친 듯 팔렸을 것이다. 그 후 영국에서는 17세기 후반부터 19세기 전반에 걸쳐 더 많은 종류의 상품에 높은 관세를 부과하게 되었다.

주요 상품으로 차茶, 담배, 와인, 증류주(브랜디 등) 등이 있었다. 물론 이들 상품도 대규모로 밀수가 이루어졌다. 특히 영국 국민의 생활 관습으로 자리 잡은 '차'는 엄청난 양이 밀수로 들어오게 되었다.

당시 차의 대부분은 중국과 같은 아시아에서 수입되고 있었으며, 동인도회사가 독점적으로 취급하고 있었다. 그러나 밀수업자에 의한 수입이 급증하여, 1784년에는 동인도회사의 정규 차 수입량의 2배나 되는 차가 밀수되었을 것으로 추산된다.

물론 영국의 세무 당국도 수수방관만 하고 있었던 것은 아니다.

1699년에는 관세와 해군의 순시선이 브리튼 섬과 아일랜드의 연안을 순항하기로 결정되었다. 그리고 밀수를 적발할 경우 상품을 모두 몰수하고 3배의 금액을 벌금으로 부과했다.

밀수는 굳이 연안에 도착하는 것이 아니라 해상에서 밀수선박끼리 거래하는 경우도 많았다. 그들은 약속한 거래 상대를 찾기 위해 바다 위를 돌아다녔고, 상대를 찾으면 해상에서 밀수품을 교환했다. 이 때문에 '해상배회방지법'이라는 법률이 제정되어 연안경비대는 해상을 돌아다니는 선박을 검사할 수 있게 되었다.

이 영국의 해상 검문이 세계의 '공해'公海와 '영해'領海라는 개념을 탄생시켰다.

영국에서는 19세기에 임검하는 범위로서 국내선은 100리그(300해리)까지, 외국선은 1리그(3해리)까지로 정해졌다. 그러나 이는 영국이 마음대로 결정한 것이었다.

당시 바다는 그 국가의 영토가 아니었기 때문에 자유롭게 항해할 수 있다는 생각이 퍼져 있었다. 이 때문에 검문을 받는 외국선은 영국에 불만을 터트렸다. 특히 해양대국이었던 네덜란드는 영국에 대해 강경하게 항의를 하였다.

그 결과 국가의 주권이 미치는 '영해'와 자유롭게 항해할 수 있는 '공해'의 개념이 국제적으로 만들어지게 되었다.

현재 국제법상에서는 연안에서 12해리까지가 영해라고 정해져 있으나 이 기준도 영국의 밀수선 단속이 그 기원이다.

'대항해 시대'는 관세를 회피하기 위해 시작되었다

스페인과 포르투갈이 세계의 항로를 개척한 대항해 시대. 이 대항해 시대 역시 실은 '관세'를 회피하기 위해 시작된 것이다.

당시의 유럽 여러 나라에서는 아시아에서 공급받는 향신료가 귀했다. 요리에 다양한 맛을 더해주는 향신료는 중세 유럽의 귀족계급에게는 필수불가결한 식재료였던 것이다. 또 향신료에는 해독작용도 있어 다양한 약의 원료로도 사용할 수 있었다.

그런데 이 향신료를 얻기 위해 유럽 여러 나라는 무척 고생을 하고 있었다. 아시아의 향신료를 유럽에 가져가기 위해서는 당시의 유통 루트로 중근동中近東(중동과 근동을 아우르는 말. 리비아에서 아프가니스탄까지의 북아프리카와 서아시아) 지역을 경유해야 했다.

중근동에는 앞서 이야기한 거대한 제국 오스만 투르크가 버티고 있었다. 이 국가와 유럽의 기독교 여러 나라는 적대에 가까운 관계에 있었다. 특히 근린 국가인 스페인, 포르투갈과는 원수지간이었다. 당연한 말이지만 오스만 투르크에서 상품을 가지고 오기 위해서는 아주 높은 금액을 지급해야 했다. 후추 1g의 가격이 은 1g과 같았던 것이다. 당시 오스만 투르크도 다른 유럽 여러 나라처럼 관세가 재정의 큰 기둥이었다.

오스만 투르크에서는 수입에 관해 5%, 수출에 관해서는 2~5%의 관세를 부과했다. 비이슬람국가의 상인의 경우 수출 관세는 최고세율인 5%가 부과되었다. 향신료는 오스만 투르크에 일단 수입된 후 수출되기 때문에 최소 10%의 관세가 부과되는 셈이었다.

게다가 오스만 투르크는 식료품, 원료 수출에는 높은 관세를 부과하였다. 특히 향신료는 유럽 여러 나라에서 수요가 많았기 때문에 상당히 높은 관세를 과세하였다.

유럽에 대한 향신료 관세율이 어느 정도였는지에 대한 정확한 자료는 남아 있지 않다. 그러나 '후추 1g은 은 1g'이라고 할 정도라면 상당히 높았음에는 틀림없다.

스페인과 포르투갈은 어떻게든 오스만 투르크를 경유하지 않고 아시아와 교역하는 방법을 모색하였다. 그리하여 생각해 낸 것이 오스만 투르크를 회피해서 아시아와 직접 무역을 하는 '대항해'였던 것이다.

먼저 포르투갈의 모험가가 아프리카로 항로를 개척해 갔다. 1488년에는 포르투갈의 바르톨로뮤 디아스^{Bartolomeu Dias}(1451~1500)가 아프리카 남부의 희망봉에 도달했다. 그리고 1498년에는 같은 포르투갈의 바스코 다 가마^{Vasco da Gama}(1469~1524)가 아프리카의 희망봉을 돌아 아시아에 도착하는 데 성공하였다.

또 아프리카 항로 개척에 있어 포르투갈에 뒤쳐져 있던 스페인은 포르투갈에 거절당했던 콜럼버스^{Christopher Columbus}의 인도 항로 개척의 스폰서가 되었다. 콜럼버스가 개척하려고 했던 인도 항로는 대서양을 돌아 지구의 반대편에서 아시아로 가는 루트이다. 당시 이미 지구는 둥글다고 알려져 있었다. 그때까지 지구를 일주한 자는 없었으나 이론적으로 말하자면 대서양에서 아시아로 나갈 수 있었던 것이다.

1492년 콜럼버스는 아메리카 대륙인 바하마 제도에 도착했다. 유명

대항해 시대 항로

한 이야기인데, 당시 콜럼버스는 이것이 아메리카 대륙인지 모르고 인도의 일부라고 생각했었다. 그래서 콜럼버스가 도착한 섬은 서인도제도로 명명되었으며, 현지 사람들은 인디언이라고 불리게 된 것이다.

또 1522년에는 스페인의 지원을 받은 마젤란Ferdinand Magellan의 부하가 세계 일주에 성공했다. 이리하여 스페인과 포르투갈은 세계에서 새로운 항로를 개척하고 오스만 투르크를 피하여 아시아와 교역할 수 있는 루트를 만들었다.

이것으로 스페인과 포르투갈은 오스만 투르크에게 한방 먹였다고 생각하였으나 오스만 투르크도 가만히 있지 않고 대책을 강구했다.

오스만 투르크는 1535년에 프랑스와 제휴 관계를 맺고 통상특권을 부여했다. 이것은 프랑스인 상인이 오스만 투르크에서 비즈니스를 할 경우 치외법권, 영사재판권, 개인세 면제, 재산·주거·통행의 자유를 인정한 것이다. 그리고 관세도 일률적으로 부과하지 않게 되었다. 결론적으로 향신료에 대한 특별관세가 없어진 것이다.

왜 기독교 국가인 프랑스가 오스만 투르크와 제휴했을까? 당시 프랑스는 스페인을 적대시했었기 때문에 '적의 적은 아군'이라는 논리로 접근했다. 또한 오스만 투르크는 이와 동일한 조약을 1580년에는 영국과, 1612년에는 네덜란드와 체결했다. 프랑스, 영국, 네덜란드에는 향신료를 싸게 판매하고 스페인, 포르투갈 세력의 향신료 무역을 방해하려고 했던 것이다. 이러한 식으로 대항해 시대는 강대국 간의 허허실실의 알력 속에 있었던 것이다.

스페인은 왜 몰락하였는가?

프랑스와 영국이 강력한 방법으로 십일조를 회피하려고 했던 것은 앞서 서술하였다. 그 결과 프랑스와 영국은 십일조로부터 완전히 벗어난 것은 아니었지만 상당히 거리를 둘 수 있었다.

반면에 '십일조'에서 벗어나지 못하고 몰락한 나라도 있으니 그 대표적인 국가가 스페인이다.

대항해 시대까지 스페인은 유럽 최대 국가였으며 아메리카 대륙, 아시아, 아프리카 등 세계 각지에 식민지를 두고 '해가 지지 않는 제국'이라는 칭송을 받았다.

그러나 스페인은 16세기 후반이 되자 갑자기 언덕길에서 굴러 떨어지듯이 쇠퇴해 갔다. 국내의 중요한 경제 구역이었던 네덜란드와 포르투갈이 잇달아 독립하고, 바스크 등 국내 반란이 빈번히 일어났다. 세계 각지에 있었던 식민지도 영국과 프랑스에 빼앗기면서, '제국주의 시대'로 일컬어진 17세기부터 19세기에는 유럽 강국의 자리에서 밀려나게 되었다. 그렇다면 왜 스페인이 16세기 말에 급격하게 쇠퇴하였는가? 그것의 가장 큰 원인은 바로 '종교'와 '세금'이었다.

대항해 시대 당시의 스페인은 강력한 해군 군사력을 자랑하고 있었다. 그 해군 군사력에 의해 세계의 바다로 나아가 광대한 식민지를 획득, 지배해 왔다. 1571년에는 레판토 해전에서 기독교 국가의 숙적이었던 이슬람권 대국 오스만 투르크를 무찌르면서 스페인 함대는 '무적함대'로 불리게 되었다.

그러나 실은 스페인은 오스만 투르크 해군을 무찌를 당시부터 심각한 재정 문제를 안고 있었다. 재정 위기가 만성화되고 디폴트가 수차례 일어난 것이다.

1556년에 스페인의 왕위를 계승한 펠리페 2세는 아메리카 대륙 등의 광대한 스페인령을 이어 받았으나 부채가 그보다 훨씬 많았다고 한다. 이 때문에 펠리페 2세는 1557년과 1575년 2번에 걸쳐 파산 선고를 하였다.

파산 선고를 했다고 해서 모든 재산을 잃고 무일푼이 된 것은 아니었다. 각지의 상인에게 빌린 돈을 '변제하기 어렵다'고 선언했다는 뜻이다. 즉 현재 우리가 말하는 디폴트이다.

이 디폴트로 인해 당시 스페인 최대의 상업도시인 앤트워프의 상인들은 큰 타격을 입었다. 물론 이는 스페인 국왕 자신에게도 큰 타격이 되었다. 예나 지금이나 디폴트가 일어났을 때 가장 곤란한 점은 그 후에 돈을 빌리기가 어렵다는 점이다.

디폴트를 일으킨 사람(국가)은 돈을 빌리지 않으면 안 되는 상태에 처해 있다. 그러한 상태에서 새로 돈을 빌릴 수 없다면 경제 상황은 더욱 악화된다. 훨씬 나쁜 조건으로 돈을 빌릴 수밖에 없고 담보 형식으로 자산을 나눠 팔게 된다. 국왕이라고 해도 이는 마찬가지이다.

펠리페 2세의 뒤를 이은 펠리페 3세는 왕위를 계승한 당시 세입의 8배에 달하는 부채가 있었다.

세계 각지에 식민지를 거느리고 아메리카 대륙에서 방대한 금은을 가지고 왔던 스페인이 왜 이처럼 심각한 재정 악화에 처하게 되었을까.

가장 큰 이유로 기독교와의 관계를 들 수 있다. 스페인은 이슬람세계와 접하는 지역이며 '기독교의 요새'임을 자처했다. 때문에 이슬람권과 알력이 심했고 다툼을 반복한 것이다. 그런 과정에서 들어가는 군비만으로도 상당한 재정부담이 되었다.

무적함대를 유지하는 것도 상당한 비용이 들었다. 무적함대의 유지비로 1572년부터 1575년 사이에 1000만 두카트^{Ducat}(베네치아공화국에서 처음 만들어져 1284년부터 제1차 세계대전 이전까지 유럽 각국에서 통용된 금화 또는 은화 단위)가 소요되었다고 기록되어 있다. 이는 스페인 전체 세입의 2배에 상당하는 금액이다.

스페인은 이슬람 세력과의 최전선에 위치해 있었기 때문에 가톨릭교회로부터 특별히 자금 지원을 받았다. 그러나 이는 교회가 스페인 국내에서 징수하고 있는 교회세의 일부를 환원하는 것에 지나지 않았다. 교회세가 스페인 국민의 큰 부담이 되었다는 사실에는 변함이 없다. 그리고 스페인은 기독교 세계에서 종교 개혁이 일어났을 때도 여전히 가톨릭교회를 지지했다.

소비세에 의존할 수밖에 없었던 스페인

스페인은 경건한 가톨릭 국가이며, 국민들은 모두 십일조를 내고 있었다. 스페인은 국민으로부터 그 이상의 직접세를 징수하기 어려웠다. 이 때문에 스페인은 알카바라^{alcabala}로 불리는 소비세로 재원을 보완하려고 했다.

이것이 스페인을 쇠퇴시킨 가장 큰 요인이라고 여겨지고 있다. 이 알

탈세의 세계사

카바라라는 소비세는 중세 무렵 이슬람권에서 들어온 것이다. 대항해 시대부터 스페인은 이 알카바라를 세수의 기둥으로 두고 있었다. 처음에 알카바라는 부동산과 일부의 상품 거래에만 부과되었고, 세율도 그리 높지 않았다. 징수된 지역도 국왕 가까이 있는 카스티야 지방뿐이었다.

그러나 16세기 후반 재정 문제가 심각해졌기 때문에 카스티야 지방에 직접세, 소금세 등을 신설하려고 했다. 스페인국왕 펠리페 2세에게 있어 카스티야는 자신의 출신지이며, 재정적으로 의지하는 곳이었다.

그러나 카스티야 지방 주민들로서는 이를 묵인하고 증세를 수용할 수 없었다. 일단 새로운 세금이 창설되면 반영구적으로 징수되는 것이기 때문에 새로운 세금 창설 대신 임시 상납금을 지불하여 국왕을 납득시켰다.

국왕도 일단 그것으로 물러났지만 임시 상납금만으로는 재정 악화를 막을 수 없었다. 그리하여 1575년 알카바라의 세율을 대폭 올렸다. 그 결과 알카바라의 세수는 3배로 늘어났다.

소비세를 거부한
네덜란드와 포르투갈의 독립전쟁

또 펠리페 2세는 이 알카바라를 다른 지역에도 도입하려고 했다. 먼저 타깃이 된 것이 네덜란드였다. 중세의 네덜란드는 스페인의 일부로 경제적으로 매우 발전한 도시였다.

그러나 네덜란드는 종교 개혁 이후 급격히 프로테스탄트^{protestant}(개신교도)가 증가했으며, 가톨릭의 요새를 자처하던 스페인 국왕과 대립을 하고 있었다.

그러한 가운데 스페인은 네덜란드에서 몇 번이나 특별세를 징수했는데 또다시 알카바라를 도입하려고 한 것이다. 당연히 네덜란드 사람들은 맹렬히 반발했고, 그것은 무장봉기로 이어졌다.

1568년부터 시작된 이 네덜란드인의 무장봉기는 약 80년 가까이 이어졌다. '네덜란드 독립전쟁' 또는 '80년 전쟁'이라 일컬어지는 이 네덜란드와 스페인의 전쟁은 1648년 베스트팔렌 조약으로 '네덜란드의 독립 승인'이라는 결론에 이르게 된다. 스페인은 이로 인해 경제 요새지를 잃고 말았다.

또한 스페인이 네덜란드와의 80년 전쟁을 치르는 동안 다른 지역에서도 불온한 움직임이 있었다. 1640년에는 포르투갈이 네덜란드와 유사한 이유로 무장봉기를 일으켰다. 당시 포르투갈은 펠리페 2세가 (1580년부터) 스페인과 포르투갈 양쪽의 국왕을 겸하고 있었으므로 양국은 합병 상태에 있었다.

당초 양국은 우호적 관계를 구축하고 있었으나 스페인의 재정 악화로 인하여 포르투갈에도 소비세 알카바라를 도입하였다. 그 결과 포르투갈 경제는 큰 타격을 입었으며, 포르투갈 사람들은 큰 원한을 갖게 되었다. 그리고 네덜란드와 카타르야 지방 등 각지에서 반란이 잇달아 일어나자 좋은 기회라고 생각하고 1640년에 포르투갈인들도 무장봉기를 일으킨 것이다.

이 전쟁은 28년 동안이나 지속되었으며, 최종적으로 포르투갈의 독립이 승인되었다.

네덜란드와 포르투갈의 독립은 단지 소비세 때문만은 아니었으나 소비세가 큰 요인이었음에는 틀림없다.

소비세 때문에 약화된
스페인 무적함대

스페인 재정의 악순환은 멈추지 않았다. 그러자 스페인은 알카바라의 과세대상을 더욱 확대해 갔다.

1590년에는 식료품 등 생활필수품에도 세금을 부과하게 되었다. 이 식료품에 부과된 소비세는 미요네스^{Millones} 세금이라고 불렸다. 국민들로서는 매우 원망스럽게 생각하는 세금이다.

소비세는 현재도 국가의 경기를 후퇴시키는 작용을 한다. 그러나 이 당시의 스페인 소비세 알카바라와 미요네스 세금은 그 정도가 아주 심했다.

현재 세계 각국에서 과세되고 있는 소비세의 대부분은 그 상품을 최종적으로 소비하는 사람이 한 번만 내면 되는 체제이다. 그러나 당시의 스페인 소비세 알카바라는 그 상품에 한 번만 과세하는 것이 아니라 그 상품이 거래될 때마다 과세되었다. 그렇기 때문에 수입품과 원격지^遠隔地에서 운반되어 온 상품은 상인들 사이에 거래가 이루어질 때마다 소비세가 부과되어 상품의 가격이 점점 올라가게 되었다.

국왕의 입장에서 보면 이런 시스템은 세수의 증가를 가져와 만족스러울 것이다. 그러나 하나의 상품에 소비세가 여러 번 부과되면 결과적으로 당연히 물가는 상승하고 경기는 침체된다.

실제로 대항해 시대의 스페인은 물가가 대폭적으로 상승하였다. 이러한 스페인의 물가 상승은 아메리카 대륙에서 대량의 은이 유입되었기 때문이라고 해석하기도 하지만 사실은 은 유입 이전부터 시작되었던 것이다. 필자는 이 당시 스페인의 물가상승의 최대 요인은 이 알카바라(소비세) 때문이라고 생각한다.

물가가 상승하면 상품이 타국에 비해 비싸지고 수출이 어려워진다. 반면에 저렴한 수입품이 국내에서 나돌게 된다. 그 결과 스페인의 국제수지는 점점 악화되었다.

그런데 한편에서는 세금을 면제 받는 '귀족'은 급격하게 증가했다. 당시 스페인 국왕 가까이에 있는 카스티야 지방에서만 약 60만 명의 귀족이 있었다.

왜 이처럼 귀족이 늘어났을까? 그중 하나가 나이트^{knight}와 이달고^{Hidalgo} 등의 낮은 기사 칭호를 돈으로 살 수 있었기 때문이다. 그리고 나이트와 이달고가 되면 평민에게 과세되던 세금이 더 이상 부과되지 않았다.

스페인 왕실은 재정난으로 인해 나이트와 이달고 칭호를 대대적으로 팔았다. 이는 일시적으로는 재정에 도움이 되었지만 고액 납세자를 잃는 결과를 초래한 것이다.

그 결과 스페인에서는 서민들은 고액의 세금에 허덕이는 반면 세금을 면제 받는 부유층이 급격히 증가하게 되었다. 로마 제국 말기와 마찬가지로 국가가 쇠퇴해가는 매우 전형적인 패턴이라 할 수 있다.

또 스페인 왕실은 왕의 영지도 팔기 시작했다. 이것도 역시 일시적으로는 재정을 호전시키지만 수입원이 줄어들어 장기적으로 보면 대폭적인 마이너스 요소가 된다.

어쩔 수 없이 스페인은 은행가로부터 돈을 빌리게 되었다. 그러나 스페인은 대출액이 컸기 때문에 이자가 급격히 올라갔다. 1520년대에는 17.6%였으나 1550년에는 48.8%에 달했다.

남미 포토시 산에서 운반되어 온 대량의 은은 스페인 카디스 항에 도착하면 아예 하역도 하지 못한 채 그대로 유럽 각지로 보내졌다. 국제수지 결제와 국왕의 차입금 변제를 위해 각지의 상인들에게 간 것이다.

스페인의 국제수지 악화, 재정 악화는 스페인의 해운업에도 심각한 영향을 미쳤다.

16세기 후반까지 스페인은 영국과 프랑스의 2배에 달하는 상선商船을 가지고 있었다. 그것이 '무적함대'의 초석이 되었다.

그러나 17세기가 되자 선박 수가 75% 이상 급감하여 스페인의 항구는 외국 선박이 점유하게 되었다.

당시의 해군 선박은 평소 상선으로 사용하는 선박을 전시에 군함으로 이용하는 경우가 많았기에 해운업의 쇠퇴는 곧 해군력의 쇠퇴를 의

미했다.

스페인의 무적함대가 급속히 그 힘을 잃게 된 것은 스페인 해운업이 쇠퇴했기 때문이며, 스페인의 재정 악화, 국제수지 악화가 초래한 결과였다.

PART 7

유럽 시민혁명은
탈세에서 시작되었다

영국 국왕이 부과한 세금을
당당하게 거부한 인물은?

영국이라는 나라는 세계에서 처음으로 산업혁명을 일으키고, 미국이 대두하기 전까지 세계의 패권을 주도했던 초거대국가였다.

왜 영국이 세계에 앞서 근대 국가를 만들 수 있었을까? 이는 세금과 크게 연관되어 있다고 말할 수 있다.

영국은 조세 제도 근대화가 매우 빨리 이루어졌으며, 이는 지금부터 800년 전인 1215년에 시작되었다. 그 유명한 '마그나 카르타'Magna Carta이다.

당시 존John 왕이라는 전쟁을 매우 좋아했지만 또 전쟁에는 매우 약했던 국왕이 영국을 통치하고 있었다.

거듭되는 전쟁 비용 징수에 속을 끓이던 영국 시민과 귀족들이 국왕에게 폐위를 요구했다. 존왕은 이에 대해 "두 번 다시 마음대로 세금 징수를 하지 않겠다."고 국민에게 약속했다. 그 약속의 조문이 마그나 카르타이다.

마그나 카르타에는 '국왕이 마음대로 세금을 과세하거나 징병할 수 없다', '법에 의하지 않고 신체의 자유와 재산을 빼앗을 수 없다'와 같은 근대법의 기본이 되는 조문이 기재되어 있다. 이 마그나 카르타로 인해 영국은 중세 유럽 왕권국가에서 한발 빠지게 된다.

그러나 이 마그나 카르타도 시간이 지나면서 점점 지켜지지 않게 되었다.

당시 중세 유럽은 전란으로 세월을 보내는 중이었다. 외교와 국방을 국왕이 맡았으니 군대를 편성하고 전쟁을 하는 결단을 내리는 것도 국왕이었다. 당연히 전쟁을 하려면 돈이 필요했다.

중세 유럽 국가에서는 전쟁 비용과 관련하여 국왕이 세금을 징수하는 것을 암묵적으로 용인하는 경향이 있었다. 마그나 카르타 이후의 영국에도 이런 분위기가 남아 있었다. 그런 이유로 마그나 카르타가 지켜지지 않는 경우도 많았다.

특히 16세기 엘리자베스 여왕 이후의 영국 국왕들은 마그나 카르타를 거의 지키지 않았다. 전란이 지속되는 유럽에서는 전쟁 비용이 아무리 있어도 모자랐으며, 가끔 증세와 신규 세금을 신설하기도 했다.

그 대표적인 것이 17세기 초에 만들어진 '선박세'이다. 이 선박세는 해상의 안전을 위해 만들어진 것이었다. 목적은 해군 정비와 해상 감시 비용을 충당한다는 것이었다.

과세 방법은 영국 전 영토에 대해 연간 20만 파운드를 과세하는 것이었다. 이를 각 지역에 할당하고, 그 지역 주민의 재산에 따라 세금을 부과하는 체제였다.

영국에서는 중세 이래 전쟁 시에는 국왕이 민간선박을 징발할 수 있다는 불문율이 있었다. 이 제도 덕분에 영국 국왕은 강력한 해군을 편성할 수 있었으며, 스페인의 무적함대도 무찌를 수 있었다.

그러나 17세기에 스페인이 몰락하자 이번에는 프랑스가 위협적인 존재로 다가왔다. 프랑스는 해양왕국 네덜란드와 손을 잡고 영국에 대항하고자 했던 것이다.

섬나라 영국 입장에서는 프랑스, 네덜란드와 상대하려면 해군력 증강을 도모해야 했다. 또 당시 해적이 영국 근해에서 세력을 넓히고 있었기 때문에 이들에 대한 단속도 필요했다. 그리하여 1634년에 찰스 1세가 선박세를 새로 신설한 것이다.

당시 영국에서는 세금을 신설할 때 의회의 승인이 필요했다. 그러나 이 선박세는 의회의 승인 없이 국왕이 마음대로 만든 것이었다. 국왕은 '해군력 보강을 위한 세금이며, 국민들을 위한 세금이므로 괜찮을 것'이라고 판단했다. 중세 이래 국왕이 영국 해군을 맡아 온 전통도 있었기 때문이다.

그러나 국민 입장에서는 역시 새로운 세금은 달갑지 않은 존재였다. 납세를 하지 않는 자가 속출했고, 미납자의 대부분은 '과세평가액이 너무 높다'라는 이유를 들었다.

그때 존 햄던이라는 인물이 아무런 핑계도 대지 않고 납세를 거부했다. 그에게 과세된 선박세는 20실링이었다. 그는 그 20실링을 '납세할 수 없다'와 같은 평계도 대지 않고 무조건 거부했던 것이다.

1637년 함덴은 재판에 회부되었다. 함덴의 주장은 "영국 국민은 왕실에 대한 세금 의무가 없다."라는 것이었다. 그리고 "마그나 카르타에서 국왕은 의회의 승인 없이는 세금을 과세할 수 없다고 되어 있기 때문에 이 세금은 무효하다."고 주장했다. 실은 국민들 대부분도 그렇게 생각하고 있었으나 영국 국왕에 의한 전시 선박 징발 등의 전통도 있었기에 어쩔 수 없이 선박세를 내고 있었던 것이다.

이 재판에서는 근소한 차이로 함덴에게 유죄 판결이 났다. 그러나 이 이야기에는 남은 이야기가 있다.

이 존 함덴이라는 사람은 청교도 혁명의 지도자인 올리버 크롬웰의 사촌이었다. 상류층에서 태어나 옥스포드대학을 나온 엘리트에다 영국 의회(귀족원) 하부조직인 서민원 의원이기도 했다. 함덴은 확고한 반국왕 정치 운동가이기도 했다. 이전에는 국왕의 전쟁 비용 조달을 위한 강제적 자금 거출을 거부하고 투옥된 적도 있다. 선박세 납세 거부도 그의 정치적 행동의 일환이었던 것이다.

존 함덴의 유죄 판결은 영국 국내에 큰 파문을 불러일으켰다. 그리고 마그나 카르타 정신에 의거해 이 유죄 판결은 이상하다는 여론이 형성되었다.

이 때문에 재판이 있었던 4년 후인 1641년 의회의 주장으로 다시 재판이 이루어지게 되었다. 그 결과 선박세는 위법이라는 판결이 나고 함덴에게 유죄를 선고한 재판관은 탄핵을 당했다.

선박세는 폐지되었고, 이에 대해 국왕은 맹렬히 반발하고 의회와의 대결구도가 만들어지게 된다. 그리고 다음 해인 1642년에는 의회파와 국왕파의 무력충돌로 이어져 '청교도 혁명'이 일어났다.

이 청교도 혁명으로 인해 국왕은 실질적인 정치권력을 잃고 영국은 본격적인 의회 정치국으로 바뀌었다.

청교도 혁명의 발단

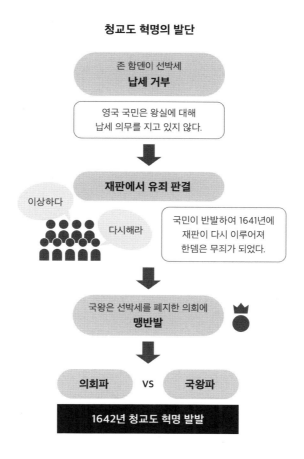

영국은 청교도 혁명으로 인해
경제대국이 되었다

청교도 혁명은 '재정대혁명'이기도 했다. 이 재정대혁명이야말로 대영 제국을 경제대국으로 만든 원동력이 되었다.

영국에서는 명예혁명 전후 징세 청부 제도가 거의 폐지되었다. 징세 청부인 대신 세금 전문 관료를 채용한 것이다.

이 세무 관료는 완전한 실력 제도로, 채용되기 위해서는 어려운 시험에 합격해야 했다. 그 대신 세무 관료들에게는 충분한 급여가 지급되었다.

또 세무 관료들은 지역의 유력자와 유착되는 것을 막기 위해 전근이 빈번했다. 이 시스템은 세계 세무 관료의 모델이 되어 현재 대부분의 국가 세무서에서 채택되고 있다.

그리고 의회는 세금을 결정할 때 매우 선진적인 방법을 채택했다. 이는 '정치산술'로 일컬어지는 것으로, 현대의 통계법과 같은 기술을 사용하여 국민의 소득을 계산해 내고 조세 부담 가능액을 산출하는 것이다. 가능한 한 부담이 적고 효과적으로 징세할 수 있는 방법을 연구한 것이다. 정치 안에 본격적인 데이터 분석을 집어넣은 것이다.

그리고 영국은 1721년부터 1742년 월폴Robert Walpole(영국의 초대 총리)의 시대에 수출세를 폐지하고 관세를 대폭 낮추었다. 이로 인해 영국 무역이 활발해지고 그에 따라 경제도 급성장하게 된 것이다.

왜 영국의 오래된 집에는 창문이 없을까?

유럽 거리에는 오래된 건물이 많이 있다. 일부 상업적인 거리를 제외하고는 대부분의 지역에 오래된 분위기 있는 건물이 많다. 이방인의 입장에서 보면 유럽 마을 전체가 테마파크와도 같다.

그렇듯 유럽의 경우 100년 전 건물이 아무렇지 않게 사용되고 있다. 100년 아니라 200년, 300년 된 건물도 그리 드물지 않다. 유럽 사람들은 마을의 경관을 중요시하며, 무엇보다 건물이 돌로 만들어져 튼튼하다. 유럽 도시는 매우 장기적인 안목으로 만들어진 것이다.

그런데 영국에서는 오래된 건물에 창문이 막혀 있는 것을 가끔 보게 된다. 창문 자체는 많이 보지만 대부분의 창문이 벽과 같은 소재로 막혀 있어 창문으로 기능하는 것은 극히 일부이다. 이러한 건물이 많이 있는 이유 역시 세금과 깊이 관련되어 있다.

17세기가 끝날 즈음인 1696년 영국에서는 '창문세'라는 세금이 만들어졌다. 이 창문세는 하나의 건물에 6개의 창문까지는 면세지만 7~9개의 경우는 2실링, 10~19개의 경우는 6실링, 20개 이상인 경우는 8실링의 세금을 내야 했다.

1851년에 이르러서야 창문세가 폐지되었다. 150년이 넘도록 창문세가 지속되었던 것이다. 그런 이유로 19세기 중반까지 세워진 건물에는 창문이 막혀 있는 경우가 많다. 창문을 줄이고 세금을 피하려고 했던 것이다.

왜 창문에 세금을 과세했을까? 하는 의문이 생길 것이다. 창문세를 과세하면 자연히 건물에 창문이 적어질 것이고 위생적으로도 좋지 않다. 만약 오늘날 이러한 세금을 만든다면 국민들이 크게 반발할 것이다. 그러나 영국 국민들은 이 창문세를 150년이 넘도록 납세했던 것이다. 여기에는 사정이 있었다.

난로세라는 불합리한 세금

영국에서는 창문세가 생기기 전에 '난로세'라는 세금이 있었다. 난로세가 생긴 것은 1662년의 일이다.

당시 영국은 네덜란드, 프랑스, 스페인과 끊임없이 전쟁을 했다. 난로세가 만들어진 3년 후에는 제2차 영국-네덜란드 전쟁이 시작되었다. 전쟁 비용이 아무리 있어도 모자랄 상황이었다.

국민들로부터는 이미 관세와 소비세, 직접세 등 꽤 많은 세금을 거두고 있었다. 더 이상 세금을 올릴 수는 없었다. 그런 이유로 난로에 과세를 하기로 한 것이다.

세액은 각 가정의 난로 하나당 2실링이었다. 월세 20실링 이하의 집과 가난한 가정에 대해서는 면세하기로 했었다.

이 난로세가 만들어졌을 때 국민들은 격렬하게 반발하였다. 난로세에는 명백한 결함이 있었다. 무엇보다 빈곤층에게 부담이 크다는 것이다.

난로는 가난한 가정에도 필수적인 것이다. 그리고 유복한 가정이라고 해서 난로가 아주 많이 필요한 것은 아니다. 빈곤층도 부유층도 비슷한 정도의 세금을 내는 것이다.

그리고 이 난로세를 징수하기 위해 징세 공무원이 각 가정의 실제 난로 수를 조사하였다. 국민들에게 공무원이 집안까지 들어와 난로를 조사하는 것은 매우 굴욕적으로 느껴졌다.

주로 이 두 가지 이유로 인해 영국 국민은 난로세에 대해 맹렬히 반발했던 것이다.

이 때문에 난로세 징수는 매우 어려움을 겪었다. 지역에 따라 난로세 징수에 반항하는 곳도 있었으며, 징세 공무원이 살해당하는 사건도 발생했다.

또한 난로세를 면세 받는 '빈곤증명서'가 부정으로 발행되는 경우도 잇따랐다. '빈곤증명서'는 교회에서 발행하고 있었는데, 그 사람의 경제 상황을 제대로 조사하지 않고 간단히 발행하거나 심지어 빈곤증명서를 판매하는 교회까지 나타난 것이다. 또 난로를 숨겨 놓고 세금을 내지 않는 일도 자주 있었다.

이 난로세에 질린 정부 당국은 새로 창문세를 신설한 것이다. 창문의 경우 집안에 들어가지 않고 밖에서도 확인할 수 있다. 그러므로 징수 공무원이 각 가정에 들어가서 조사하는 위험을 감수하지 않아도 되었다.

그리고 창문은 거의 건물의 크기에 비례해서 만들어지기 때문에 큰 집에 사는 사람에게는 많은 세금이 과세되고, 저소득층에게는 나름의 배려가 가능했다.

그런데도 아담 스미스는 《국부론》에서 '도시의 비싼 집에 사는 사람보다 지방의 싸고 큰 집에 사는 사람이 세금을 더 징수당하기 때문에 불공평하다'고 언급했다. 영국인은 '세금에 있어 저소득층에 대한 배려'를 예로부터 중시해 왔다. 참고로 이 창문세는 프랑스 등 다른 유럽의 몇 개 국가에도 존재했었다.

귀족의 탈세를 저지하려다 처형된 루이 16세

프랑스 혁명이라고 하면 '사치를 일삼았던 왕실'에 화가 난 '과도한 세금에 허덕이던 민중'이라는 구도로 설명되는 경우가 많다. 빵을 달라고 하는 민중을 보고 왕비 마리 앙투아네트가 '빵이 없으면 케이크를 먹으면 되지 않느냐'고 말했다는 이야기도 유명하다(이 말은 실제로는 마리 앙투아네트가 말한 것이 아니라 후세에 창작된 것 같다).

어쨌든 프랑스 국왕이 막대한 재력과 권력을 가지고 있었을 것이라는 이미지가 우리들의 역사관에 깊이 박혀 있다. 프랑스 국왕이라고 하면 '절대왕정'이라는 말에서 느껴지듯이 절대적인 권력을 잡고 민중을 괴롭혔다는 인상이 있다.

그러나 실은 프랑스 국왕은 그 정도로 강력한 권력도, 막대한 재산도 가지고 있지 않았다. 그러기는커녕 역대 프랑스 국왕은 몇 번이나 파산을 하기도 했다. 이는 유럽의 다른 국왕들도 마찬가지였다.

왜 프랑스 국왕이 몇 번이나 파산할 지경에 이르렀을까?

그것은 바로 재정 기반이 약했기 때문이다. 프랑스에서는 성직자(교회)와 귀족이 강력한 힘을 가지고 있었으며, 그들은 국가에 대한 세금을 면제 받았었다.

당시 프랑스 인구는 2300만 명이라고 추산되는데, 그중에 성직자는 10만 명이지만 성직자가 소유한 토지는 전 국토의 10분의 1에 달했다. 그들에게는 특별히 세금이 부과되지 않았으며, 자신들이 정한 금액을 국가에 납부했다.

또한 귀족은 40만 명이 채 안 되면서 프랑스 부의 90%를 독점하고 있었다. 즉 당시의 프랑스의 부는 성직자와 귀족들이 거의 다 차지하고 있었다. 이들 이외의 계층으로부터 국왕은 세금을 징수하고 타국과의 전쟁 비용 등을 확보해야 했다.

혁명 전 프랑스에서는 타이유taille 세금이라는 것이 민중을 힘들게 했다. 타이유세는 토지세와 재산세의 성질을 가진 것으로, 영국과의 백년전쟁(1337~1453) 때 창설되었다. 전쟁 중 특별세로 징수되기 시작한 것인데 전쟁 후에도 폐지하지 않고 프랑스의 주요한 재원이 되었던 것이다.

이 타이유세는 당초에는 토지에만 과세되었는데, 요즘의 '고정자산세'와 같은 것이었다. 그것만으로는 세수가 부족하기 때문에 재산에 대해서도 과세하게 되었다. 징세 공무원이 각각의 재산을 조사하고 심사해서 과세하는 것이다. 그리고 과세 대상자의 대부분은 농민이었다.

농민들은 재산 가치가 낮아지도록 가옥을 허름한 것으로 하거나 농경용 우마를 팔거나, 사는 것도 자제했다. 그러다 보니 농업 생산력은 정체되어 갔다.

게다가 이 타이유세는 귀족과 성직자, 관료들에게는 면제였다. 이 때문에 면제 특권을 가진 귀족들은 점점 부를 축적하고, 농민과 서민은 점점 더 가난해져 가는 상황이었다.

이 타이유세는 오랫동안 프랑스의 민중을 힘들게 했다. 국가가 타이유세의 대상 범위를 점점 넓혀 갔기 때문이다.

그렇다고 해서 타이유세 덕분에 프랑스의 재정이 호전되었던 것도 아니다. 프랑스의 재정은 오랫동안 만성적인 적자였다.

프랑스 혁명 당시 국왕 루이 16세는 많은 빚을 안고 있었다. 이전 국왕의 칠년 전쟁과 미국 독립전쟁 지원 때문에 프랑스의 빚이 30억 리브르에 달했던 것이다.

그때까지 몇 번 디폴트를 선언했던 프랑스는 금융가로부터 신용을 잃었다. 이 때문에 이자가 5~6%로 비쌌으며, 이자만 연간 2억 리브르 가까이 지급해야 했다. 당시 프랑스 국가 수입이 2억 6000만 리브르 정도였기 때문에 세입의 대부분이 이자 지급에 충당될 지경이었다.

루이 16세는 국민을 생각하는 왕이었던 것 같다. 그렇게 평가하는 이유는 재정 위기를 맞아 더 이상 국민으로부터 세금을 징수하려 하지 않고 귀족과 교회(성직자)에 세금을 부과하려고 생각했기 때문이다. 역대 프랑스 국왕들도 사실은 귀족과 교회에 세금을 부과하려고 시도했었지만 대부분의 국왕이 귀족과 교회의 반발로 인해 과세를 단념했다.

루이 16세는 1777년에 스위스 은행가 자크 네케르^{Jacques Necker}를 재무장관으로 발탁했다. 여기에는 스위스의 금융계에 넓은 인맥을 자랑하는 은행가 네케르를 등용하여 스위스 금융업으로부터 지원을 받으려는 의도가 있었다. 당시 스위스는 프랑스에게 있어 중요한 자금조달처였던 것이다.

그리고 또 하나의 중요한 의도가 있었다. 그것은 국내에 아무 연관이 없는 외국인을 재무장관으로 기용함으로써 귀족이 가진 특권을 배제하려고 했던 것이다.

네케르는 국가재정 재건을 위해 가장 먼저 징세 청부 제도의 개혁에 나섰다.

징세 청부인은 제3장에서도 소개하였듯이, 징세를 하는 권리를 국가로부터 구입하여 징세를 하는 사람들을 말한다. 국가는 징세권을 팔아 우선 목돈을 수중에 넣는다. 그렇지만 그것은 당연히 실제 징수 가능한 금액보다 적은 돈이다. 그리고 징세 청부인들은 정해진 세금보다 더 많이 징수함으로써 차익을 얻었다.

또 징세 청부인 자리는 당연히 '징세권을 구입할 수 있는' 부유한 자들이 맡게 된다. 즉 부유한 자가 징세 특권을 얻어 더욱 부자가 되고 민중들은 더욱 고통스러워지는 치명적인 악순환이 일어났다. 이들 징세 청부인의 대부분은 귀족이었다.

네케르는 이 징세 청부 제도에 칼을 대 징세 청부인은 정해진 금액만 징수하고 정해진 보수만을 받는 징세공무원 제도로 만들었다.

또한 엄격한 감사제도를 만들어 부정을 용납하지 못하게 했다. 여기에 프랑스 귀족과 특권계층의 사람들이 맹렬히 반발했다. 그들은 '팸플릿'(소책자)을 대량으로 발행하고 네케르를 공격했다. 당시 프랑스에서는 현재의 잡지와 같은 얇은 팸플릿이 다수 발행되어 시민들이 즐겨 읽었다.

네케르가 프로테스탄트라는 점도 가톨릭교도가 많았던 프랑스에서는 공격대상으로 삼기에 쉬웠다. '스위스의 부유한 은행가가 프랑스의 국부를 가로채려고 하고 있다.'와 같은 내용의 팸플릿이 파리 거리에 범람했다.

이에 대해 네케르는 강력한 대항책을 취했다. 프랑스 국가의 세입과 세출의 내용을 시민들에게 공표한 것이다.

그때까지 일국의 재정은 베일에 싸여 있었다. 현대에는 국가의 재정을 공표하는 것이 상식이지만 근대 이전의 국가에서 재정 내용을 공표하는 일은 없었다.

네케르로서는 자신의 결백을 증명하기 위한 고육지책이었다. 그러나 이 국가재정 공표는 오히려 프랑스 시민들에게 큰 충격을 주었다.

국가 세입 2억 6000만 리브르 중에서 왕가에 대한 지출이 2500만 리브르나 사용되고 있었다. 국민들 평균 연봉이 100리브르 전후인 시대에 2500만 리브르라는 것은 상상도 할 수 없는 금액이었다.

당시 프랑스에서는 흉년이 거듭돼 서민들은 힘든 생활을 하고 있었다. 네케르의 회계공표로 의도치 않게 민중의 비판 화살이 왕실로 향한 것이다. 네케르는 귀족들로부터의 비판을 피하기 위해 국가재정을 공표하였다. 하지만 의도와는 반대로 국왕이 오히려 공격의 대상이 되어버렸다.

한편 회계공표로 인해 네케르는 프랑스 시민들의 강한 지지를 얻게
되었다. '그만큼 구체적으로 숫자를 공표한다는 것은 네케르는 결백하
다는 것', '그리고 개혁에 대한 강한 의지가 있다는 것'이 프랑스 시민들
에게 좋은 평가를 받은 이유였다.

네케르의 회계공표에 의해 강한 비판을 받게 된 루이 16세는 1781
년 네케르를 일단 파면했다. 그러나 프랑스 시민의 압도적인 지지를 받
아 네케르는 7년 후인 1788년에 재무장관으로 복직했다.

그 다음해인 1789년 루이 16세가 다시 네케르를 파면시키자 파리
시민들은 격노했다. 당시 루이 16세는 귀족과 성직자의 세금 부담을 늘
리려고 했다. 그러나 파리 시민들의 분노는 봉기로 발전했고, 결국에는
프랑스 혁명이 일어났다.

PART 8

탈세업자가 일으킨
미국 독립전쟁

미국은 원조 '조세피난처'였다!

현재 미국은 초강대국으로 세계에 군림하고 있지만 원래는 영국의 식민지였다. 과거 영국은 세계 곳곳에 식민지를 두고 있었다. 그중에 미국 정도의 경제적 발전을 이룬 나라는 없다.

또 영국뿐만 아니라 중세부터 근대에 걸쳐 유럽 국가들은 세계의 많은 지역을 식민지화하고 있었다. 그 안에는 미국에 버금가는 자원이 풍부한 지역도 많이 있었다. 그러나 그런 국가 중에서도 현재 유럽 여러 나라에 어깨를 견줄 만할 정도의 국력, 경제력을 가진 국가는 없다. 식민지에서 벗어난 국가들 대부분이 지금도 후진국이며 미국만이 발전을 이루었다.

왜 유럽의 식민지 중에서 미국만이 선진국이며, 더 나아가 초강대국이 되었는지 오랜 동안 논의되는 대목이다.

그 대답은 '경제활동의 자유'와 '세금 면제'에 있다고 생각한다. 미국은 영국의 식민지 시대부터 '경제활동의 자유'를 인정받아 세금이 거의 과세되지 않았다. '세금 면제'는 '대표가 없다면 세금도 없다'No taxation without representation는 논리에 근거한 것이었다.

그런데, 과거 영국은 세계 곳곳에 식민지를 거느렸는데 각각의 식민지에 경제 활동의 자유를 인정하지 않았다. 대부분 특정 기업에 독점적인 권익을 부여해 주었던 것이다. 이는 영국뿐 아니라 당시 유럽 여러 나라들 거의 전부가 그러한 식민지 정책을 취하고 있었다. 유명한 기업으로 '동인도회사'가 있다.

동인도회사는 동인도에 가지고 있는 식민지 무역을 독점하고 있었던 회사이다. 이 동인도회사는 영국에도 있었으며, 네덜란드에도 있었다. 유럽 여러 나라는 특정 기업에 식민지의 무역 독점권을 부여하여 타국의 기업이 진출하려는 것을 저지하려고 했던 것이다.

식민지에서 획득할 수 있는 자원과 농산물은 모두 특정 기업에 독점권이 있었다. 식민지 국민들은 생산물을 팔 때도 살 때도 반드시 지정된 특정 기업을 이용해야 했다. 그런데 식민지의 생산품은 특정 기업이 독점했기 때문에 가격이 매우 비쌌다. 그 결과 독점권을 부여받은 기업만 윤택해지고 식민지의 발전은 저해되었다.

그러나 영국은 북미 식민지에만은 경제의 자유를 허용했다. 북미 식민지에서는 원칙적으로 누구나 자유롭게 사업을 할 수 있고, 무역 제한도 거의 없었다.

왜 영국은 북미 식민지에만 독점기업을 만들지 않았을까?

그 이유는 영국 식민지시대의 미국이 영국에게 있어 그리 중요한 지역이 아니었기 때문이었다. 금광도 발견되지 않았으며, 향신료와 차도 없었다.

지금 미국은 농업대국, 자원대국이지만 18세기까지의 미국은 대규모 금은 광산이 있던 남미라든가, 귀중한 향신료와 차를 수확하던 동아시아에 비해 중요도가 낮았다. 미국에 골드 러시가 일어나고, 거대 유전이 발견된 것은 독립 후의 일이다.

그렇기 때문에 영국은 미국에는 동인도회사와 같은 반*관영무역회사를 세우지 않고 세금 면제 지역으로 만들어 이민과 산업 발전을 촉구시켰다.

마치 원조 택스 헤이븐tax haven(조세피난처)과 같은 것이다. 그 결과 미국으로 많은 사람들이 이주하였고, 거액의 투자가 이루어졌으며 급격하게 발전하게 되었다.

만약 북미 지역에서 더 일찍 광산이 발견되었다면 경제적인 자유는 부여되지 않았을 것이고, 다른 식민지들과 마찬가지로 정부 주도의 독점 무역회사에 의해 지배되었을지도 모른다.

미국 독립전쟁은 탈세업자가 일으켰다

그런데 북미 식민지가 발전함에 따라 이 지역에 세금 면제를 해준 것이 영국으로서는 점점 부담이 되어 갔다.

북미 식민지는 영국이 프랑스, 네덜란드와 싸워 획득한 지역이며, 그 국가들과의 다툼이 끊이지 않았다. 영국 본국은 북미 식민지를 지키기 위해 군대를 파견해야 했는데, 그에 따른 군비는 엄청난 것이었다.

당시 영국은 막대한 국채를 발행했다. 1763년 시점에 영국 정부의 부채총액은 1억 3400만 파운드에 달했다. 그 국채의 대부분은 식민지와 관련된 전쟁을 위한 것이었다. 또 영국 정부는 미국에 군대를 주둔시킬 경비로 25만 4,000파운드가 들어갈 것으로 전망했다. '식민지를 획득하고 유지'하는 것은 막대한 경비를 필요로 했다.

한편 북미 식민지는 면세가 되었기 때문에 식민지가 아무리 발전해도 세수는 오르지 않았다. 설탕세 등의 관세 수입은 연간 4만 파운드 정도에 불과했다. 게다가 병사도 공급되지 않았다. 영국 본토에서 많은 영국인들이 미국으로 건너가서 살았는데, 그들에게는 납세의 의무도 없고 병역의 의무도 없었다.

영국 정부는 타국으로부터 식민지가 침공 당하면 그 방위를 위해 영국 본토에서 병역을 파견해야 하는 상태였다. 물론 멀리 떨어진 미국 대륙에 본국의 병역을 파견하기 위해서는 막대한 비용이 들었다.

미국 독립전쟁이 일어나기 20년 전인 1756년 영국은 프랑스, 러시아 등과 '7년 전쟁'을 치렀다. 이 전쟁으로 인해 영국의 재정은 매우 악화되었는데, 이 전쟁은 북미 지역에서도 발생했다. 이는 '프렌치-인디언 전쟁'이라고도 일컬어지는 것으로, 영국군과 프랑스군 사이에 발발한 전쟁이다. 양군이 인디언 부족과 동맹을 맺고 있었기 때문에 인디언도 얽혀 프렌치-인디언 전쟁이라 불리게 되었다.

영국은 북미 식민지를 지키기 위해 치른 전쟁이기 때문에 전쟁 비용

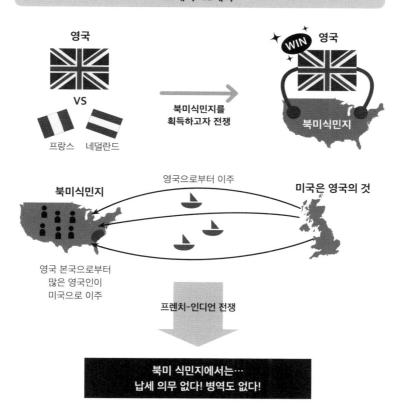

영국과 미국의 관계

17세기~18세기

영국

VS

프랑스　네덜란드

북미식민지를
획득하고자 전쟁

WIN **영국**

북미식민지

북미식민지

영국으로부터 이주

미국은 영국의 것

영국 본국으로부터
많은 영국인이
미국으로 이주

프렌치-인디언 전쟁

**북미 식민지에서는…
납세 의무 없다! 병역도 없다!**

을 북미 식민지에 부담시키려고 했다. 당시 북미 식민지에는 관세 이외
에는 거의 세금이 없었다. 또 관세도 밀수 등으로 탈세를 하는 경우가
많았다. 이 때문에 영국은 1756년 인지법印紙法을 만들어 북미 식민지에
세금을 부과하려고 했다. 인지법이란 신문, 팸플릿 등 모든 인쇄물에 인

지를 붙이는 것을 의무화하는 법률이었다.

그러나 북미 식민지 주민 대부분은 이 인지법을 지키지 않았다. 영국 본국에서 인지가 도착하면 그 인지를 태워버리기까지 했다.

영국은 북미 식민지를 지키기 위한 경비는 미국에 이주한 사람들이 부담해야 한다고 생각했지만 미국에 이주한 사람들은 이를 받아들이지 않았다. 북미 식민지에는 본국 의회 의석이 없었기 때문에 '대표 없이 과세 없다'라는 표현을 사용하여 일체의 과세를 거부한 것이다.

영국은 그렇다면 식민지인들에게 의회의 의석을 부여하려고 하였으나 미국 주민은 이것조차 거부했다. 그래서 영국은 차를 저렴한 가격에 팔아 조금이라도 미국에 재정 부담을 씌우려고 했다.

당시 북미 식민지에서는 차 밀수가 성행했다. 북미 식민지는 차를 대량으로 수입했지만 영국으로는 관세가 거의 들어오지 않는 상태였다. 그에 대처하는 수단으로 영국 당국은 국책회사인 동인도회사에 북미 식민지에 무관세로 차를 판매할 특권을 부여했다.

당시 동인도회사는 차의 재고를 대량 가지고 있었기에 이를 북미 식민지에 독점적으로 팔아 처분하고자 했다. 무관세가 되면 밀수품보다 차 가격이 싸지기 때문에 동인도회사로서는 손해볼 것이 없었다.

영국 정부는 동인도회사의 경영을 도와줌으로써 간접적으로 북미 식민지에 세금을 부과하려고 했고, 그와 동시에 북미 식민지의 밀수업자 이익을 봉쇄하고자 했다.

이에 분노한 것이 북미 식민지의 밀수업자였다. 당시 밀수란 미국 주민들 사이에서는 당연한 행위로 인식되었다. '대표 없이 과세 없다'라는 논리로 말하자면 북미 식민지는 관세를 내는 것도 이상하기 때문에 밀수를 하는 것이 당연하다고 여겼던 것이다.

그렇기 때문에 밀수업자라고 해도 '어둠의 조직'이 아니라 일반 무역업자들이 당당하게 밀수를 하고 주민들도 그 존재를 승인하는 분위기였다.

급기야 밀수업자들이 중심이 되어 보스턴에서 차를 적재했던 동인도회사의 배에 난입하여 차를 바다에 던져버리는 사건을 일으켰다. 이것이 유명한 '보스턴 차 사건'이다.

이 사건을 계기로 북미 식민지에는 독립의 기운이 고조되고 독립전쟁으로 발전하게 되었다. 이 일련의 차와 관련된 소동 때문에 북미 식민지에서는 차 대신 커피를 마시게 되었다.

현대 미국에서는 영국식의 홍차보다는 커피를 마시는 문화가 널리 퍼져 있다. 이는 독립 당시 일어났던 보스턴 차 사건이 그 요인이라고 할 수 있다.

알 카포네는 어쩌다 탈세로 체포되었는가?

미국의 전설적인 마피아로 알 카포네Al Capone라는 사람이 있다. 1920년대 미국이 금주법을 시행했을 때 마피아가 주류 밀매로 막대한 부를 축적한 것은 잘 알려진 사실이다. 이때 미국에서 가장 돈을 많이 번 사람이 바로 알 카포네이다. 소설과 영화에도 자주 등장하는 바로 그 인물이다.

알 카포네는 1899년에 뉴욕의 브루클린에서 태어났다. 브루클린은 이민자들이 많고 치안이 그다지 좋지 않기로 유명하다. 알 카포네는 소년 시절 악명 높은 불량배였고, 어른이 되어서는 갱^{gang}으로 꽤 출세했다.

그리고 알 카포네가 갱으로 세력을 넓혔을 즈음 금주법이 시행되었다. 금주법이란 주류 판매와 소비를 전면적으로 금지하는 것으로, 미국에서는 1920년부터 1933년까지 지속되었다.

금주법 시대, 미국 내 마피아의 경기는 절정에 이르렀다. '술'만 손에 넣으면 누구나 막대한 돈을 벌 수 있었던 것이다.

술은 거래가 금지된 제품이었기 때문에 정규 판매 루트가 아니면 갱 이외에는 손에 넣을 수 없었다. 금주법이 시행되어도 미국의 많은 술집들이 영업을 하고 있었으며, 이 때문에 갱들에게는 많은 돈을 벌 수 있는 시기였다. 그들은 모두 공업용 알코올로부터 밀주를 만들거나 캐나다에서 술을 밀수했다.

금주법으로 가장 피해를 입은 것은 빈곤층이었다. 왜냐하면 그들은 비싼 술을 살 수 없었기에 싸고 위험한 술밖에 못 마셨기 때문이다. 뉴욕시의 감찰의사에 의하면 당시 싸구려 술에서는 휘발유, 벤젠, 니코틴, 포름알데히드, 클로로포름 등이 검출되었다고 한다. 당연히 그들은 건강을 위협받고 죽음에 이르는 일도 적지 않았다.

참고로 '칵테일'은 금주법 하의 미국에서 발전한 것이다. 싸구려 술

집에는 질 나쁜 술밖에 없었기 때문에 술 냄새와 맛을 내기 위해 과즙과 향신료를 넣은 칵테일을 많이 만들게 된 것이다.

뉴욕에서도 최고 클래스의 갱단 보스였던 알 카포네도 이 시기에 막대한 돈을 벌게 된다. 물론 갱단은 술 밀매뿐 아니라 살인 등의 범죄 행위에도 관여한다. 특히 이 시기는 갱단끼리의 충돌도 끊이지 않았다.

알 카포네는 다양한 사건에 관여했다고 하는데, 그중에서도 가장 흉악한 사건은 1929년 '성 발렌타인데이 학살 사건'이다. 이것은 카포네의 밀주를 훔친 갱단을 대량 학살한 사건이다. 카포네는 적의 아지트에 경찰관으로 변장한 부하를 보내 적들이 투항했을 때 기관총을 난사하여 모조리 죽여버렸다.

이런 잔혹한 행위에 미국 국민들도 모두 분노했다. 정부도 갱단 보스인 알 카포네를 어떻게 해서든 체포하려고 기를 썼다.

처음에 미국 연방정부는 금주법 위반으로 알 카포네를 체포하려고 했다. 그러나 알 카포네는 그 점을 교묘히 피해갔으며 자신이 직접적으로 관여하지 않았기 때문에 증거가 발견되지 않았다.

그리하여 미국 연방정부는 이번에는 소득세 탈세 혐의로 체포하려고 했다. 영화로도 만들어진 '언터처블'이라 불리는 수사팀이 알 카포네의 탈세 증거를 잡아 체포했고, 유죄로 몰아갔다.

알 카포네가 탈세로 잡혔다고 하면 범죄로 얻은 돈에도 세금이 과세되는 것이냐고 의문을 가지는 사람들도 있을 것 같다.

기본적으로 소득세란 어떠한 수입이라도 세금이 과세되게 된다. 종교 단체의 기부금 수입 등 '면세'로 정해져 있는 수입 이외에는 아무리 그것이 범죄로 얻은 수입이어도 과세되는 것이다. 단 범죄로 얻은 수입의 경우 범죄가 들키지 않는 한 수입도 들키지 않기 때문에 범죄자의 수입에 세금을 과세하기가 어려운 것이다. 그러나 이때 수사팀은 범죄를 파헤치는 것은 포기하고 금전 쪽을 타깃으로 삼았던 것이 주효하여 체포로까지 이어지게 되었다.

알 카포네는 징역 11년, 벌금 8만 달러의 형을 받게 된다. 당시 미국인 노동자의 연평균 수입이 1,200달러 정도였음을 감안하면 현재 가치로는 약 500만 달러에 달하는 금액이다. 그 정도는 알 카포네로서도 타격이 상당히 컸을 것임에 틀림없다.

알 카포네는 복역 중에 매독에 걸린 것을 알게 되어 출소 후에는 치료에만 전념하고 갱으로서의 존재감은 거의 없었다고 한다. 그리고 1947년 뇌졸중으로 48세의 젊은 나이로 눈을 감았다.

알 카포네 체포를 가능하게 한 소득세 창설

이 알 카포네의 탈세 체포극에는 흥미로운 배경이 있다. 만약 시대가 조금 더 빨랐더라면 알 카포네는 체포되지 않았을 가능성이 높다. 미국에서 소득세가 창설된 것은 1913년의 일이었다. 알 카포네가 체포되기 18년 전인 것이다.

지금은 미국 연방정부의 주된 재원이 소득세이지만 1910년까지 미국에는 소득세가 없었다. 소득세는 1799년에 영국에서 세계 최초로 도입한 세금이었다.

사람의 수입에 세금을 과세하는 것은 고대부터 있었다. 로마 제국과 기독교의 십일조도 넓은 의미의 소득세라고 말할 수 있다.

단 소득액을 정확히 산출해서 누진 세율을 과세하는 현대의 소득세는 1799년 영국의 소득세가 세계 최초다. 그 이후 유럽 여러 나라는 대부분 이 소득세를 도입하였으나 미국은 소득세 도입을 하지 않고 있었다.

그러면 당시 미국은 어떤 방식으로 정부가 재원을 얻고 있었던 것일까?

수입품에 과세되는 세금과 일부의 상품에 과세되는 간접세가 고작이었다. 심지어 그 세수마저 매우 낮은 것이었다.

1910년대까지의 미국은 세금이 현저히 낮은 국가였다. 앞에서 설명한 바와 같이 미국은 영국의 식민지 시대에는 거의 세금을 부과하지 않았다.

그 전통을 계승하여 독립 후에도 세금은 매우 낮았으며, 당연히 재정 지출도 적었다. 제1차 세계대전 전인 1913년에 미국의 재정 지출은 GDP의 1.3%뿐이었다. 단순 비교를 하기에는 적합하지 않지만 현재 미국의 재정 지출은 30%를 크게 웃도는 정도이므로 격세지감을 느낄 수 있다.

당시 미국의 재정 지출이 적었던 이유는 군사비 지출이 적었기 때문이다. 다소 오해가 있겠지만 미국 국민은 본래 전쟁을 매우 싫어하는 국민이다. 현대의 시각에서 볼 때 미국이라는 국가는 세계의 여러 분쟁에 개입을 하는 '호전적인 국가'라는 이미지가 있으나 미국 국민 자체는 전쟁을 피하려는 성향이 있다.

미국이라는 나라는 자유주의적이며, 개인주의적인 성향을 가지고 있다. 개개인이 자기의 이익을 추구하는 국민성을 가지고 있다. 전쟁은 극히 일부를 제외하고는 손해만 보는 일이다.

또 미국은 농업대국이며 공업대국, 그리고 자원대국이기도 하다. 그렇기 때문에 미국의 국민성으로 보면 '전쟁은 손실loss만 있을 뿐'이라고 생각하는 것이다.

그러한 미국이 1913년에 소득세를 창설한 이유는 무엇이었을까?

처음에는 관세를 낮추는 것이 목적이었다. 관세를 낮춘 것은 "관세는 빈부의 격차를 넓힌다."는 세간의 비판이 있었기 때문이다.

관세는 수입품에 균등하게 과세된다. 때문에 부유층도, 빈곤층도 수입품을 사면 당연히 내야 하는 것이었다. 당시 미국은 의료품 등 생활필수품들을 대부분 수입품에 의존하고 있었다. 그러다 보니 일상 생활을 하는 데 필요한 대부분의 물품을 부유하든, 가난하든 수입품을 구입해야 했다.

빈곤층은 수입에서 차지하는 소비의 비율이 높다. 수입이 적으니 저축을 할 여유가 없고 수입의 대부분을 소비할 수밖에 없다. 그 소비 안에는 수입품도 많이 포함되어 있으며, 그 수입품 가격에는 관세가 포함되어 있다.

한편 부자들은 수입에서 소비하는 돈은 극히 일부이다. 그렇기 때문에 수입의 관세 부담 비율도 높지 않았다. 즉 '수입의 대부분을 소비해야 하는 가난한 사람들에게 관세 부담 비율이 높아진다'는 것이다.

이렇듯 관세로 인한 빈부 격차가 커졌기 때문에 관세를 줄이고 부유층에게 더 많은 과세를 할 수 있는 '소득세'를 창설하게 된 것이다.

이 소득세는 부부이면 4,000달러, 독신자에게는 3,000달러의 기초 공제를 해주었다. 당시의 노동자 연평균 수입이 1,200달러 정도였기 때문에 대부분의 국민에게는 소득세가 부과되지 않았다. 그렇듯 부유층에게만 과세되는 세금이었기 때문에 빈부 격차를 해소하는 효과가 있었다.

그러나 이런 소득세도 바로 국민 전반에 걸쳐 부과되게 된다. 소득세가 창설된 직후 제1차 세계대전이 발발했기 때문이다. 처음에 미국은 이 유럽 전쟁에는 참여하지 않았다. 그러나 전쟁이 끝날 무렵 영국과 프랑스를 비롯한 연합국 측으로부터 참전을 요구받았다.

연합국에 거액의 융자를 해주었던 미국은 융자를 회수할 수 없게 될까봐 참전을 승낙했다. 이 전쟁은 미국에게 있어 처음이라고 말할 수 있는 '본격적인 해외 파병'이었다.

그 결과 미국의 재정 지출이 급속히 증가하여, 전쟁 전의 20배 이상이나 되었다. 미국은 이 거액으로 치솟은 재정 지출을 충당하기 위해 소득세를 임시적으로 크게 증세했다. 그리고 그것이 전후에도 그대로 남아 지금 미국의 세입의 중심이 된 것이다.

만약 미국이 1913년에 소득세를 창설하지 않았다면 알 카포네도 체포되지 않았을 수 있고, 제1차 세계대전에 미국이 참전하는 일도 없었을지 모른다.

PART 9

로스차일드가家는
상속세 때문에 쇠퇴했다

19세기 최대 금융가문 로스차일드

근대 유럽사에 그 이름을 남긴 대재벌 로스차일드.

로스차일드가는 현재도 금융업, 와인 제조, 레저산업, 백화점 경영 등 세계 경제에 큰 영향력을 미치고 있다.

잘 알려져 있지는 않으나 로스차일드 가문은 세금 때문에 크게 쇠퇴해버린 역사를 가지고 있다. 한편으로는 대대적인 방법으로 거액의 세금을 회피하려고도 했다.

대부호 로스차일드가의 역사는 프랑스 혁명보다 조금 전에 시작된다.

로스차일드가의 시조 마이어 암셸은 1744년 독일 프랑크푸르트의 게토에서 태어났다. 독일의 하노버^{Hanover}은행에 근무하면서 금융업 시스템을 배운 마이어 암셸은 고향에 돌아가 동전 장사를 시작한다. 당시에는 지금처럼 동전 수집이 그리 많지 않았고 독특한 것을 좋아하는 귀족과 부유층의 마니아적인 취미였다. 이 때문에 마이어는 보통 사람들로부터 매우 저렴한 값으로 낡은 동전을 사들여 귀족 집을 찾아다니며 팔기 시작한 것이다.

그러다 프로이센(동독일 지방)의 군주인 프리드리히 대왕의 빌헬름 황태자가 고객 중 한 사람이 되었다. 빌헬름 황태자는 영지 내의 젊은이들에게 군사훈련을 시켜 영국에 용병으로 보냄으로써 유럽에서 제일가는 자산가가 되었다.

금융 지식도 있었던 마이어는 빌헬름 황태자의 재산운용에도 관여하게 되었다. 프리드리히 대왕 사후 그 자산을 빌헬름 황태자가 물려받게 되자 마이어의 사업도 확대되었다. 그때부터 그는 마이어 로스차일드라고 말하고 다녔다. 로스차일드 가문이 탄생하게 된 것이다.

마이어 로스차일드에게는 5명의 아들이 있었다. 그는 이 아들들이 성인이 되자 각자 프랑크푸르트, 런던, 파리, 비엔나로 보냈다. 이는 전형적인 유대인의 상업방식이라고 할 수 있다.

유대인은 세계 각국에 흩어져 있기 때문에 친척과 지인들이 세계 곳곳에 있다. 그들은 그런 네트워크를 활용하여 이익을 올리는 것이다. 이것이 유대인의 성공비결이다. 로스차일드가도 이 다섯 아들들의 네트워크에 의해 대성공을 거두게 된다.

1803년부터 나폴레옹에 의한 유럽 정복전쟁이 시작되었다. 로스차일드가가 세계적인 자산가가 되는 것은 나폴레옹 전쟁 때부터이다.

나폴레옹 전쟁 당시 독일은 프랑스 지배하에 있었다. 로스차일드의 주인이었던 빌헬름 황태자는 어쩔 수 없이 망명을 하게 되었다. 그리고 자산 관리를 로스차일드에게 맡겼다.

로스차일드는 아들 5명을 유럽 각국에 분산시켰었는데, 가장 안전한 곳에 자산을 은닉시키려고 했다. 그리고 필연적으로 나폴레옹이 아직 정복하지 않은 지역인 영국에 있었던 셋째 아들 나탄 로스차일드에게 의지하게 되었다. 그리고 나탄 로스차일드는 '워털루 전투'로 막대한 부를 축적하게 된다.

나폴레옹과 영국이 자웅을 겨루던 이 전쟁 당시 로스차일드가는 영국의 공채를 대략으로 보유하고 있었다. 만약 영국이 지면 영국 공채는 폭락하고 거액의 손실을 입게 될 것이었다.

영국으로 보내졌던 나탄 로스차일드는 워털루에서 영국이 승리한다는 정보를 가장 빨리 입수했다(나탄이 직접 참전한 것이 아니라는 설, 전서구 傳書鳩(통신에 사용하는 훈련된 비둘기)를 통해 알게 되었다는 설도 있다).

영국의 승리를 미리 알았던 나탄은 그러나 영국의 증권거래소에서 영국 공채를 매각했다. 영국 국내에서는 영국군 열세 정보가 전해졌기 때문에 투자자들은 영국이 질 것이라고 생각하고 한꺼번에 팔기 시작했다.

그리고 영국 공채가 완전히 폭락했을 때 나탄은 매우 싼 가격으로 이를 다시 대거 사들였다. 이윽고 영국의 승리가 전해졌고, 나탄은 거액의 이익을 올릴 수 있었다.

최근 런던 증권거래소 조사에 따르면 워털루 전투 전후로 영국의 공채 시세에는 큰 변동이 없었다고 한다. 단 나탄 로스차일드가 당시에 공격적으로 비즈니스를 한 것은 사실이다.

로스차일드가는 이때 얻은 자산을 바탕으로 은행업에 진출하고, 19

세기에는 세계 최대의 은행가가 되었다.

영국에 수에즈 운하의 매수자금을 빌려준
막대한 재력

로스차일드가의 재력을 세계에 알린 것은 영국이 수에즈 운하Suez
Canal를 매수한 때이다.

수에즈 운하는 지중해와 홍해(수에즈만)를 연결하는 운하이며, 유럽
과 아시아를 연결하는 최단 항로이다. 1869년 굴착하여 항로가 개통되
었다.

처음에 영국은 굴착 사업이 불가능하다고 여겨 참여를 하지 않았
고, 프랑스가 중심이 되어 수에즈 운하회사를 만들었다.

수에즈 운하가 개통되자 세계 무역의 중심적 항로가 되었다. 그때까
지는 유럽에서 아시아를 배로 가기 위해서는 희망봉을 돌아갈 수밖에
없었으나 수에즈 운하가 개통됨으로써 거리가 42%나 단축되었다.

당시 인도를 식민지로 둔 세계 제일의 해운국이었던 영국에 이는 목
에 걸린 가시와도 같은 것이었다. 수에즈 운하를 이용하는 선박의 4분
의 3이 영국 선적이었기 때문이다. 영국 입장에서는 무역의 대동맥을
라이벌인 프랑스가 선취한 것이다.

영국은 수에즈 운하회사의 주식 획득을 노렸는데, 그 기회가 1875
년에 찾아왔다. 프랑스와 함께 수에즈 운하회사의 대주주였던 이집트

가 재정 악화 때문에 수에즈 운하 주식을 매각하려고 한 것이다.

당시의 영국 수상 벤자민 디즈레일리Benjamin Disraeli는 마침 로스차일드가에 저녁 초대를 받았다가 이 정보를 알게 되었다.

프랑스가 움직이지 않는 동안 수에즈 운하 주식을 취득하고 싶었던 디즈레일리는 의회에 묻지도 않고 독단적으로 거래를 진행했다. 그리고 수에즈 운하 주식 취득 자금은 로스차일드가에서 빌렸다.

융자액은 400만 파운드. 당시 이와 같은 돈을 즉시 내줄 수 있는 부자는 세계에서 로스차일드가밖에 없었던 것 같다.

나치독일의
과중한 세금과 전쟁 피해

로스차일드가는 현재도 변함없는 대부호이다. 그러나 19세기 당시와 비교하면 그 영향력이 감소한 것은 부정할 수 없다. 예전처럼 세계를 움직일 정도의 재력은 없다고 할 수 있다.

로스차일드가가 쇠퇴한 이유로는 몇 가지를 생각할 수 있다. 첫 번째 이유로는 두 차례의 세계대전이다. 전쟁이라는 것은 국가 간의 자산 소멸전이기 때문에 자산을 가진 쪽이라면 이를 잃게 될 가능성이 높다. 특히 로스차일드가처럼 유럽 각국에 분산되어 있는 자산가는 어느 국가가 이기든 지든 어느 정도는 자산을 잃게 된다.

제1차, 제2차 세계대전으로 로스차일드가는 큰 타격을 받았다. 재산뿐 아니라 인적 손실도 있었다. 로스차일드 일족의 5개의 화살 중 비엔나로 분가한 곳이 제2차 세계대전 중에 소멸해버린 것이다. 나치독일이 오스트리아를 병합시켰을 때 비엔나로 분가했던 루이 나다니엘 로스차일드는 게슈타포에 의해 구속되었다. 루이 로스차일드는 비엔나 로스차일드은행의 책임자이며, 로스차일드 패밀리의 수장 중 하나였다.

당연히 로스차일드가는 일족의 신변을 구하기 위해 노력했고, 나치독일은 비엔나 로스차일드가의 재산 전부를 원했다. 아무리 몸값이라고 하더라도 과도한 금액을 지불한 루이 로스차일드는 간신히 비엔나에서 탈출할 수 있었으나 이 때의 쇼크 때문인지 전후 사업가로서 부활하지는 못했다.

나치독일이 접수한 재산은 전후 공화당 정권하인 체코 정부가 로스차일드가에 배상했다. 그러나 그 배상액은 자산 가치의 3분의 1 이하였다고 한다.

한편 제1차, 제2차 세계대전 모두 로스차일드가는 병사로 참전했다. 그 일로 로스차일드가에 대한 세상의 눈빛이 달라졌다. 그들이 전쟁에 참전하지 않았다면 아마 세상은 강력하게 비판했을 것이다. 그런 이유로도 그들은 전쟁터로 향했다.

제2차 세계대전에서는 런던 분가의 수장 에드몬드가 연합국 측에서 만든 유대인 군대의 장교가 되었다.

나치 점령 당시 프랑스에서는 독일 이상으로 유대인 박해가 심했다. 유대인은 공직이나 사회의 중요한 직업에서 내몰리게 되었는데, 그중에

탈세의 세계사

는 은행가도 포함되어 있었다. 당연히 로스차일드 파리 분가도 그 대상이 되었다.

프랑스에 남아 있던 로스차일드 파리 분가의 에드몬, 로벨, 앙리는 프랑스 국적을 박탈당했다. 사실상 프랑스에서 추방당한 것이다. 그리고 파리 분가 중에서는 희생자도 나왔다. 로스차일드 파리 분가의 수장 기 드 로스차일드의 외가는 대부분 수용소에서 사망했다.

또한 로스차일드가의 일족인 필립 남작 부인은 유대인이 아니었음에도 불구하고 로스차일드라는 이름 때문에 수용소로 보내져 돌아오지 못했다.

로스차일드가는
상속세 때문에 쇠퇴했다

로스차일드가가 쇠퇴한 이유는 전쟁만이 아니다. 미국에서의 투자로 출발이 늦어진 것도 큰 이유라고 말할 수 있다.

로스차일드가는 20세기 이후 세계 최대의 경제 대국으로 군림하는 미국을 처음에는 중요하게 생각하지 않았다. 19세기 영국이 융성했을 때 영국 금융의 중심에 있던 로스차일드가는 미국을 세계의 구석에 있는 시골쯤으로 취급했다.

미국이라는 나라는 유럽에서 온 자들이 개척했다는 점에서 그렇게 생각할 수도 있었다.

로스차일드가는 유대계 투자은행 쿤 로브 상회를 통해 미국에 투자를 했으나 그다지 적극적이지는 않았다. 로스차일드가의 미국 대리인 오귀스트 벨몽^{August Belmont}은 로스차일드가에 미국으로의 투자를 촉구했으나 로스차일드가의 반응은 그리 적극적이지 않았다.

그러던 중 제1차 세계대전이 일어나 영국은 세계 최대의 경제 대국 지위를 미국에게 빼앗긴다. 영국의 쇠락과 함께 로스차일드가의 세계경제에 대한 영향력도 낮아진 것이다.

그런데, 로스차일드가가 쇠퇴한 최대의 이유는 바로 세금이다.

로스차일드가가 은행가로서 부흥했을 때 영국에는 소득세가 없었다. 이 때문에 로스차일드가는 수입을 그대로 자산으로 축적하고 재투자를 할 수 있었다. 역으로 말하자면 로스차일드가가 급격하게 은행가로서 두각을 나타낸 것은 소득세가 없었기 때문이라고도 말할 수 있다.

그러나 18세기 말에 영국에서 소득세가 도입되고, 이는 유럽으로 확대되었다.

게다가 20세기에는 상속세가 크게 확대되었다. 상속세는 예로부터 존재했고 고대 로마 제국 시대에도 있었던 것이다. 그 후에도 많은 지역에서 오랜 동안 상속세는 도입되었다. 게다가 그런 상속세의 대부분은 자산의 2~3%를 징수하는 것으로 그리 큰 세금이 아니었다. 그러나 20세기가 되자 유럽 여러 나라들이 상속세를 대폭 확대한 것이다.

이는 당시의 사회 변화를 반영하고 있다. 제1차 세계대전 후 공산주의 혁명의 파도를 두려워한 유럽 여러 나라는 국민들의 반발을 막기 위해 자산가에 대해 고액의 상속세를 과세하기 시작했다. 러시아 혁명 등으로 부유층 대부분이 참살되는 모습을 본 부자들은 상속세에 동의할 수밖에 없었다.

바로 이 상속세가 로스차일드가에 큰 타격을 준 것이다. 상속세가 도입된 이후 많은 자산가는 이전과 같은 부를 축적하지 못했다. 그때까지는 유산의 몇 퍼센트만 내면 되었으나 그 후로는 유산의 절반 전후를 징수당하였다.

물론 대부호들은 온갖 방법을 동원하여 상속세를 회피하려고 했다. 하지만 국민과 언론이 주시하고 있기에 그리 쉽게 피해갈 수가 없었다. 그 때문에 중세의 동화 같은 대부호가 현대에 들어서는 점점 사라져 갔다.

또 로스차일드가는 20세기에 들어서도 사업을 법인화하지 않고 가족경영의 형태를 취했다. 주식회사로 하면 주주들에게 자산 현황을 공개해야 하기 때문에 이를 기피했을 것이다. 또한 로스차일드가는 엄청난 자산이 있었기 때문에 다른 주주들로부터 자금을 모을 필요도 없었을 것이다.

그런 이유들로 주식회사로 하지 않았기 때문에 로스차일드가는 상속세로 큰 타격을 입게 된 것이다.

로스차일드가의 자산은 거의 대부분이 개인 명의로 되어 있었다. 개인 명의의 자산에는 상속세가 부과된다. 그로 인해 예전에 로스차일드가가 소유했던 성(과 같은 호화로운 건물)의 대부분은 상속세를 지급하기 위해 처분할 수밖에 없었다.

그리고 로스차일드가의 개인 자산이 줄어든다는 것은 금융가로서의 자본력이 크게 감소하는 것과 같다. 즉 로스차일드가는 상속세 때문에 개인 자산을 줄였을 뿐 아니라 금융사업에 필요한 자금도 줄어들었다.

로스차일드가의 상속세와 관련하여 재미있는 이야기가 있다. 1949년 6월에 파리에 분가한 에드워드 로스차일드가 죽은 후 일족이 보유했던 기업, 석유회사인 로열 더치 셸, 광산회사인 루니켈, 다이아몬드 회사인 데비아스의 주식 가치가 갑자기 급락한 것이다.

프랑스에서는 상속자산으로서의 주식은 자산가가 사망한 그날의 종가가 상속 가격이 된다. 그렇기 때문에 에드워드 로스차일드가 사망했을 때 일족이 주식을 매각하고 에드워드 로스차일드의 상속 자산 가치를 내린 것이다.

물론 다음날 주식을 다시 사들여 가치는 원래대로 회복되었다. 워털루 전투 당시 큰돈을 벌었던 전설과 매우 비슷한 에피소드이다.

이러한 상속세 대책에도 불구하고 로스차일드 파리 분가는 1975년에는 천만 평에 달하는 유서 깊은 페리에르 저택을 파리대학에 기증하게 된다. 유지비와 상속세를 생각하면 계속 소유할 수가 없었던 것이다.

또 파리 분가는 더욱더 곤란한 상황에 빠졌다. 1981년 프랑스의 은행 국유화 정책으로 로스차일드가는 소유하고 있던 은행을 몰수당했다.

그 후 은행은 로스차일가가 다시 사들였지만 '로스차일드은행'이라는 명칭은 사용하지 못한다는 조건이 붙었다.

　20세기에는 공산주의의 등장으로 부유층에게 엄격한 정책이 펼쳐지는데, 이로 인해 로스차일드가는 직격탄을 맞게 되었다.

PART 10

히틀러의
탈세술과 징세술

히틀러도 세금 때문에 고민했다

히틀러라고 하면 제2차 세계대전을 일으키고 유대인을 박해하는 등 '사상 최고의 악인'으로 여겨지는 인물이다.

그런데 정권을 잡기 전 히틀러는 《나의 투쟁》^{Mein Kampf}이라는 책을 출판했고, 그것이 베스트셀러가 되었다. 그런데, 그 책의 소득세를 탈세했던 것이 최근 연구에서 밝혀지게 되었다.

히틀러는 1889년 오스트리아에서 세관 관리의 아들로 태어났다. 소년 시절에는 2번이나 낙제를 하였으니, 결코 우수하다고는 할 수 없었다.

16살 때 아버지의 죽음을 계기로 실업학교를 퇴학하고 화가가 되기 위해 비엔나로 떠났다. 그러나 대부분의 사람들이 꿈을 꿀 뿐 재능이 따라가지 못하듯 미술대학 시험에서 두 번이나 실패하고 말았다.

비엔나에서는 불우한 시절을 보냈고 부랑자 같은 형편일 때도 있었다고 한다. 당시의 오스트리아와 독일 청년들에게 이런 일은 특별한 상황은 아니었다. 경기도 나빴고 무엇인가를 찾아 도시를 서성거리는 젊은이들은 많이 있었다.

1914년 발발한 제1차 세계대전에서 히틀러는 오스트리아 국적인 채로 독일 제국의 지원병이 된다. 오스트리아에서도 소집 영장이 나왔으나 그는 독일 제국의 육군을 선택한 것이다. 히틀러는 오스트리아인이면서 독일에 대한 강한 동경이 있었다.

우수한 전령병이었던 히틀러는 1918년에는 일급 철십자 훈장을 수여받는다. 지원병이 훈장을 받는 경우는 드문 일이었다.

그러나 독가스로 부상을 입은 그는 야전병원에서 종전을 맞이한다. 종전 후 히틀러는 할 일 없이 시간을 보내고 있었는데 군대의 예전 상사가 그러한 히틀러를 걱정하여 직무를 맡겼다. 그것은 군의 정보원으로, 급증한 정당과 반동분자를 조사하는 업무였다.

이때 독일은 자유롭고 민주적인 바이마르공화당 아래 우후죽순처럼 새로운 정당들이 생겨나고 있었다. 또한 과격한 우익과 공산주의자가 치안을 어지럽히는 경우도 많았다.

그런 이유로 군은 정보원(스파이)을 파견하여 그들의 내부 사정을 염탐했는데, 히틀러에게 그 일을 맡겼던 것이다.

히틀러는 '독일노동자당'에 숨어 들어가 정보를 수집하게 되었다. 그러나 독일노동자당 집회에 참여했던 그는 당의 정신에 감명을 받아 입당을 하게 되었다. 혹 떼러 갔다가 혹을 붙인 격이었다. 이 독일노동자당이 나치스Nazis(독일노동자당)의 전신이 되는 조직이다.

히틀러가 입당할 당시 독일노동자당은 50명 정도에 불과한 작은 당

탈세의 세계사

이었다. 히틀러는 뛰어난 화술과 연설로 점점 당의 중심적 인물이 되어 갔다. 1920년에는 군을 그만두고 당무에 전념하여 이듬해에 당수가 되었다.

1923년 '독일노동자당'(나치)은 뮌헨에서 정권 탈취를 노리고 쿠데타를 일으킨다. 이것이 '뮌헨 폭동'이라 일컬어지는 사건이다.

그러나 이 쿠데타는 경찰과 군의 협력을 받지 못하고 실패로 끝났다. 히틀러는 체포되었고, 나치는 비합법적인 것으로 간주되었다.

히틀러는 금고 5년의 판결을 받고 란츠베르크 형무소에 수용된다. 그러나 이 기간 동안 《나의 투쟁》을 집필했고, 이 책이 베스트셀러가 되면서 히틀러는 일약 스타가 되었다.

《나의 투쟁》 인세에 부과된 막대한 세금

당시 《나의 투쟁》이 실제로 얼마나 판매되었는지에 대한 명확한 데이터는 없다. 그다지 많이 팔리지 않았다고 말하는 역사가도 있지만 이는 사실이 아니다. 왜냐하면 히틀러는 나치가 정권을 잡기 전에 막대한 인세를 손에 넣었고, 이 돈으로 오버잘츠베르크(독일 바이에른 주에 위치한 산)에 별장을 구입했기 때문이다.

2004년 12월, 로이터통신 보도에서 흥미로운 뉴스가 보도되었다. 독일 바이에른 주 세금 전문가가 뮌헨의 공공문서관에서 정권 획득 이전의 히틀러의 납세 기록을 발견했다는 내용이었다.

이 납세 기록에 의하면 히틀러는 1925년부터 나치 정권을 세운 1933년까지 8년 동안 뮌헨의 세무 당국으로부터 납세 독촉을 지속적으로 받아왔다. 그러나 히틀러는 온갖 이유를 붙여가며 납세를 회피하려고 했던 것 같다.

히틀러는 1923년에 저술한 《나의 투쟁》으로 약 123만 라이히스마르크의 수입을 얻고, 60만 라이히스마르크의 세금이 발생했다. 그러나 3분의 1인 20만 라이히스마르크 정도밖에 내지 않았으며, 약 40만 라이히스마르크가 체납되었다.

히틀러가 《나의 투쟁》으로 얻은 약 123만 라이히스마르크는 현재 화폐가치로 하면 200만 달러가 조금 넘는 금액이다. 책 한 권으로 이만큼의 수입을 얻는다는 것은 대단한 일이다. 물론 당시의 독일 책 저작권료 시스템이 오늘날과는 전혀 다르기 때문에 단순 비교를 할 수는 없지만 공전의 베스트셀러였던 것만은 틀림없는 것 같다.

당시 히틀러는 어려운 생활을 하고 있었다. 때문에 갑작스런 수입에 스스로도 매우 놀랐을 것이다. 그리고 '돌연 큰 수입을 얻은 사람'들이 으레 그러하듯 세금에 대해서는 전혀 고려하지 않았던 것 같다. 그러나 큰 수입을 얻은 사람에게는 나중에 반드시 세금 재촉이 있기 마련이다.

히틀러는 청구액의 3분의 1인 20만 라이히스마르크를 납부했다. 그러나 나머지 40만 라이히스마르크는 내지 못했다. 돈이 없었던 것인지 정치 자금으로 남겼는지는 정확하지 않다. 그리고 이런 저런 방법을 동원해가며 세금을 회피하려 했다.

앞서 말했듯이 '근대적 소득세'는 18세기가 끝날 즈음 영국에서 처음 도입되었다. 그 후 많은 유럽 국가들이 이 '근대적 소득세'를 도입하였다.

이 근대적 소득세는 '과세소득'의 금액에 비례해 계산하는 것이 특징이다. 이전까지의 '소득세 같은 것'은 세금 공무원이 납세자의 재산과 평소의 생활로 미루어 대략적인 수입을 얼추 개산하고 과세하는 것이었다. 그러나 근대적 소득세는 그 해의 수입을 정확히 산출하고 필요 경비를 뺀 '과세소득'을 산출하는 것이다.

이 근대적 소득세에서 '절세'^{節稅}라는 개념이 생겨났다고 말할 수 있다. 필요한 경비를 사용하여 세금의 금액을 줄이는 것이다.

히틀러도 이 절세를 열심히 행했던 것 같다. 히틀러는 당시로서는 아직 서민은 엄두도 내지 못하는 자동차를 구입하여 이를 경비로 처리하려고 했던 것 같다. 현대의 사업자들에게도 널리 퍼진 절세 방법이다.

그러나 그렇다 하더라고 납세액을 줄일 수는 없었다. 그런데 히틀러가 1933년에 정권을 잡은 것이다.

그러자 뮌헨의 세무 당국에서는 세무서장이 먼저 나서서 히틀러에게 서간을 보내서는 '지금까지의 체납액을 소멸시키겠다'라고 했다.

이에 대해 히틀러의 측근은 '제안을 받아들이겠다'고 답했다. 이 세무서장은 한 달 후에 독일 세무 본청의 수장으로 승진했고, 월급은 41%가 올랐다고 한다.

《나의 투쟁》의 핵심 내용은?

베스트셀러가 된《나의 투쟁》의 내용은 어떤 것이었을까?

간단히 말하자면 '강한 독일로 돌아가자'는 매우 내셔널리즘이 넘치는 책이다. 그런데 내용이라고 해봤자 히틀러의 독창적인 사상은 거의 없으며, 당시의 독일 우익활동가들이 자주 입에 담던 것을 요약하여 정리한 것에 불과했다.

이런 책이 그렇게 많이 팔렸던 이유는 당시의 독일 사회 상황에 잘 들어맞았기 때문일 것이다. 제1차 세계대전에서 패배한 독일은 약 330억 달러라는 어마어마한 배상금을 내야 할 형편에 처했다. 이는 독일 세수액의 십수 년어치 분량에 해당하는 엄청난 금액이었다.

제1차 세계대전에서 독일은 결정적으로 패배한 것이 아니라 무배상이라는 조건으로 휴전을 수용하였다. 그럼에도 불구하고 전쟁이 끝나자 국내의 정치 혼란을 간파 당하고 막대한 배상금을 요구 받은 것이다.

또 1923년에는 배상금 지연을 이유로 프랑스군이 독일 최대의 공업지역인 루루를 점령했다. 루루 공업지역은 유럽 최대의 탄광이 있으며, 독일 경제의 심장부로 독일인의 자랑이기도 했다.

당시 독일은 사실상 무장 해제 상태였기 때문에 프랑스의 침공을 당해낼 방법이 없었다. 독일인의 프라이드가 추락한 것은 말할 필요도 없었다.

《나의 투쟁》은 이 루루 점령 3년 후에 쓰인 것이다. 또한 히틀러는 이 책에서 유대인을 혹독하게 비난하고 있다. 현대인의 관점에서 읽어보면 어처구니없을 만큼 나쁜 내용이지만 그 당시의 독일인들에게는 이러한 사상이 설득력 있게 다가갔던 것 같다.

당시 독일은 심각한 실업 문제를 안고 있었으며, 사회는 피폐해져 있었다. 이러한 때에는 민족주의와 내셔널리즘이 급속히 확대된다. 그리고 약자, 소수파에 대한 괴롭힘이 시작되는 것이다.

"지금 사회가 안 좋은 것은 유대인 때문이다."라는 메시지는 매우 단순하면서도 대단히 자극적인 것이었다. 직장도 돈도 없고 생활고에 찌든 독일 국민들은 이 간단명료한 메시지를 무조건적으로 따르게 되었다.

그리고 당시 독일에서는 유대인을 욕하면 인기가 올라가는 추세였다.

히틀러 정권 탄생 전 독일은 유대인에게 관용적이며 많은 유대인이 독일에 이주해 살고 있었다. 그들은 두뇌가 매우 우수하며 비즈니스에도 능하고 독일 사회에서 중추적인 역할을 맡아 활약했다.

당시 독일에서 유대인 인구는 전체의 1%에 지나지 않았으나 정치가와 대학교수의 상당 비율을 차지하고 있었다. 또한 금융업, 백화점 등 경제적으로 차지하는 비중도 높았다. 유대인의 평균 수입은 일반 독일인의 3~4배나 되었다고 한다.

따라서 독일인의 입장에서 보면 '우리들은 이렇게 살기가 어려운데 유대인들은 고생도 하지 않고 많은 이익을 얻어간다'고 생각하는 마음이 있었던 것 같다.

《나의 투쟁》의 판매와 비례하여 나치 지지자들이 급증했다. 그리고 1932년 총선거에서 나치는 제1당이 되었다. 오해하는 사람도 많은 것 같은데, 나치는 무력으로 정권을 잡은 것이 아니었다. 독일 국민들로부터 정당한 선택을 받아 정권을 잡은 것이다.

그러나《나의 투쟁》이라는 나쁜 선동으로 정권을 잡은 나치는 자신들의 주장에 구속 받게 된다. 히틀러, 나치를 중심으로 독일 사회 전체가 가속도를 붙이며 유대인을 박해하기 시작했다.

나치의 유대인 박해 정책은 동맹국인 일본에서조차 비판적이었다. 일본의 외교관인 스기하라 지우네가 유대인 난민에게 대량의 비자를 발급한 것은 잘 알려진 사실이다.

세계가 나치를 적으로 돌린 것은 당연했다. 나치는《나의 투쟁》이라는 나쁜 선동으로 정권을 얻었고, 그것 때문에 붕괴했다고 말할 수 있다.

'원천징수제도'라는 발명

히틀러 자신은 세금을 회피했지만 정치가로서의 히틀러는 세금 정책을 매우 정교하게 세웠다. 원천징수제도의 원형을 만든 것도 나치였다.

히틀러는 정권을 잡자 곧바로 대규모 세금 개혁을 단행했다. 그러나 그것은 단순히 국민으로부터 많은 세금을 착취하는 것은 아니었다. 오히려 대중의 세금은 적게 하고 기업과 부유층의 세금 부담을 증가시키는 것이었다.

탈세의 세계사

히틀러는 대중의 인기를 얻어 정권을 획득했기 때문에 대중이 좋아할 만한 정책을 강구한 것이다.

부양가족이 있으면 그만큼 세금이 낮아지는 '부양가족 공제'를 창설하고, 저소득층의 세금은 대폭 낮추었다. 반면에 대기업에는 6%가 넘는 배당금 금지와 이익을 강제적으로 예금시키는 실질적 증세를 행하였다. 그리고 조세개혁의 일환으로 '원천징수제도'를 도입했다.

노동자에게 있어서는 1년에 1회, 많은 세금을 지불하는 것이 큰 부담이 된다. 그렇기 때문에 1년치를 일괄적으로 지불하는 것이 아니라 매주, 매월 월급에서 조금씩 지불하는 제도를 만들었다. 게다가 그것을 본인이 부담하는 것이 아니라, 회사가 급여에서 사전에 빠져나가게 했다.

이로써 노동자들의 세금에 대한 부담감은 크게 감소하고, 세무당국도 징세가 매우 편해졌다.

이 제도는 세계 각국에서 채택되었으며 원천징수제도와 부양 공제는 지금까지도 운용되고 있는 제도이다.

원천징수는 악마의 발명인가?

이 원천징수제도는 언뜻 보면 노동자를 위하는 것 같지만 사실은 위정자의 사용법에 따라 악마의 제도가 되기도 한다.

원천징수는 세무 당국으로서는 매우 편리한 제도이다. 회사가 월급에서 사전에 떼기 때문에 누락될 일이 없다. 회사도 기업의 세금이 아니라 직원의 세금이므로 정확하게 계산한다.

원천징수제도는 세금을 징세하기 위한 비용도 매우 낮다. 신고부터 징세까지 모두 회사가 하기 때문에 세무서는 가끔 틀린 부분이 없는지 체크만 하면 된다.

예를 들어 현재 일본에서는 소득세의 80% 이상은 원천징수로 납세하고 있으나 세무서의 원천징수 담당자는 소득세 담당자의 10% 정도밖에 없다. 원천징수 제도가 얼마나 징세 효율이 좋은지 알 수 있는 대목이다.

단, 이 원천징수 하에서 노동자(샐러리맨)는 자신이 얼마 정도의 세금을 내고 있는지 모른다는 폐단이 있다. 노동자는 실수령액만 보기 때문에 만약 실수령액이 생각보다 적다고 하더라도 세금이 높은 것인지 급여가 낮은 것인지 쉽게 판단하기 어렵다. 이 때문에 증세하기가 더욱 쉬운 것이다.

즉 원천징수제도는 징세도 쉽고 증세도 쉬운 것이다. 세무 당국 입장에서 보자면 이처럼 편리하고 좋은 제도가 없을 것이다.

일본에서 이 원천징수제도가 도입된 것은 전쟁 중인 1941년이었다. 동맹국 나치독일을 따라 도입한 것이다.

믿을 수 없을지도 모르겠으나 그 이전의 샐러리맨 급여에는 세금이 부과되지 않았다. 회사는 수입 범위 내에서 사원들에게 급여를 지급한다. 회사의 수입에는 이미 세금이 부과되어 있기 때문에 사원 급여에도 세금을 부과하면 이중 과세가 된다. 그렇기 때문에 전쟁 전에는 샐러리

탈세의 세계사

맨의 급여에 세금을 부과하는 것은 전혀 생각하지 못할 일이었다.

그러나 전쟁이 심화되고 전쟁 비용이 부족한 상황이 되자 특별세로 샐러리맨들로부터 원천징수를 하게 된 것이다.

그러나 전쟁 중에 원천징수의 편리함을 맛본 세무 당국은 전쟁이 끝나도 이를 놓치려고 하지 않았다. 현대의 일본 샐러리맨의 원천징수세란 전쟁 중의 특별세가 지금까지 지속되어 온 것이다.

현재 일본 샐러리맨은 세계적으로 봐도 상당히 높은 세금, 사회보험료를 내고 있지만 거의 불만을 제기하고 있지 않다. 이는 자신이 실제로 어느 정도의 세금과 사회보험료를 내고 있는지 잘 모르기 때문이다.

그러나 세금과 사회보험료는 샐러리맨만 부담하는 것은 아니다. 일본의 소비는 최근 들어 계속해서 낮아지고 있기 때문이다. 즉 국민이 모르는 사이에 조금씩 생활이 힘들어지고 있는 것이다.

원천징수제도는 이러한 악마적 요소를 다분히 내포하고 있다.

PART 11

비틀즈 해산의 원인은
세금이었다?

세금으로 괴로워한 비틀즈

20세기 최대의 뮤지션이자 음악을 거대한 비즈니스로 바꾼 영국의 세계적인 록 그룹 비틀즈The Beatles.

비틀즈는 인기가 절정이었음에도 불구하고 고작 8년 만에 해산해 버렸는데, 이 비틀즈의 역사에도 세금이 깊이 관련되어 있다. 비틀즈의 해산은 다름 아닌 세금이 큰 이유 중 하나였던 것이다.

비틀즈는 영국 리버풀 출신으로 리더인 존 레논(보컬, 기타), 폴 매카트니(보컬, 베이스), 조지 해리슨(보컬, 기타), 링고 스타(보컬, 드럼)의 4인조 록 밴드이다.

그들은 바가지 머리에 말쑥한 정장을 입은 '인텔리전트한 분위기'가 특징이었는데, 처음에는 거친 스타일의 반항아적인 분위기를 풍기는 젊은이들이었다.

그들이 살았던 리버풀Liverpool이라는 마을은 옛날에 노예무역으로 번성한 영국의 오래된 항구도시였다. 비틀즈는 흑인과 외국인들이 많이 출입하던 바에서 연주를 하면서 음악성을 키웠다.

그들의 복장은 리젠트 스타일에 가죽 점퍼라는 당시로서는 불량스러운 느낌이었으나 데뷔를 할 때에 매니저인 브라이언 엡스타인이 그들의 이미지를 좋게 하기 위해 깔끔하면서 지적인 모습으로 바꾼 것이다.

비틀즈는 경쾌한 업 템포의 곡과 아름다운 하모니가 특징이었다. 그리고 존의 허스키하면서 강한 목소리, 폴의 아름다운 고음, 조지의 평범하지만 깊이가 있는 가성과 곡별로 보컬이 바뀌는 참신한 스타일을 가지고 있었다.

당시 록 밴드는 리드 보컬 한 명이 고정되어 있어 인기도 리드 보컬에 집중되는 것이 일반적이었다(지금도 그러한 경향이 있다). 그러나 비틀즈는 멤버 전원이 보컬이 가능했던 터라 멤버 전원이 고르게 인기가 있었다.

록 밴드가 곡을 만드는 스타일을 확립한 것도 비틀즈이다. 그들은 작곡 도중에 새로운 아이디어를 넣어 음악의 범위를 대폭 넓혔다. 팝, 로큰롤에 멈추지 않고 테크노, 하드록, 헤비메탈, 펑크 록, 나아가 힙합, 랩에 이르기까지 그 원조는 비틀즈라고 여겨지고 있다.

비틀즈의 곡은 지금도 세계 각국에서 텔레비전 프로그램 테마 송으로 사용되기도 한다. 50년이 넘은 곡이 지금 TV 프로그램의 주제가로 사용되어도 전혀 위화감이 없을 정도이다.

비틀즈 음악에 대해서 논하자면 끝이 없고 자세히 기술한 서적이 많이 있기 때문에 관심 있는 사람은 그쪽을 참고하길 바란다. 본서의 테마는 세금이므로 다시 세금 이야기로 돌아가고자 한다.

비틀즈는 록 음악을
거대한 시장으로 바꾸었다

비틀즈는 록^{Rock}을 거대한 시장으로 만든 아티스트이다. 비틀즈가 미국에 상륙한 1964년부터 비틀즈가 해산하기 직전인 1969년에 이르기까지 미국의 음반 시장은 약 3배로 커졌다. 이는 미국뿐 아니라 세계적으로도 비슷한 현상으로, 비틀즈의 출현이 음악시장을 크게 확대시켰다고 말할 수도 있다.

비틀즈는 특히 음반 시장을 비약적으로 확대시켰다. 미국에서도, 영국에서도 매출 역대 10위까지의 음반 안에 비틀즈 이전의 것은 하나도 없다.

이를 증명하듯, 영국의 앨범 매출의 역대 넘버 1은 비틀즈의 'Sgt. Pepper's Lonely Hearts Club Band'이다.

음반이 팔린다는 것은 그만큼 '비틀즈의 모든 곡이 훌륭하다'는 것을 의미하는 것이기도 하다.

그때까지의 뮤지션은 싱글에는 주력하지만 앨범은 곡의 조합이라는 경향이 있었다. 그러나 비틀즈는 앨범에 모두 좋은 곡을 넣었다. 때문에 앨범이 폭발적으로 팔렸던 것이다. 앨범 쪽이 가격이 비싸므로 그만큼 시장도 커지게 되었다.

그러자 비틀즈 이후로는 다른 뮤지션들도 앨범에 주력하게 되고 대중음악 전체의 시장이 확대된 것이다.

그러나 이러한 성공이 그들에게 행운만 가져다 준 것은 아니었다. 시장이 확대되고 큰돈이 움직이게 되자 다양한 문제가 발생하게 되었다.

특히 그들의 경우는 선구자였기 때문에 뮤지션이 처음으로 경험하는 '금전적 문제'가 발생한 것이다.

게다가 그들은 스스로 곡을 만들었기 때문에 작사, 작곡의 인세 문제도 발생했었다. 그 돈은 그들이 상상조차 할 수 없는 천문학적인 숫자가 되었다.

그들은 갑자기 쏟아진 거액의 돈에 거의 농락당할 지경이었다.

비틀즈는 데뷔할 때 계약 내용까지는 깊이 검토하지 않았다. 당시는 록으로 생계를 유지할 수 있다는 것만 해도 꿈같은 이야기처럼 여겨졌기 때문에 데뷔를 할 수 있다는 것만으로도 너무 기뻤고, 그 후의 수입 배분에 대해서는 생각하지 않았던 것이다.

그렇기 때문에 비틀즈의 수입은 매출에 비해 터무니없이 낮은 것이었다. 그들도 그것을 알아채고 관계자와 협상해서 개선을 시도했으나 그다지 변화가 없었다. 그들의 경험은 이후의 뮤지션들에게 교훈이 되었다.

명곡 'Taxman'은
세무원에 대한 비아냥

그러나 비틀즈를 괴롭게 한 진짜 금전 문제는 그것이 아니었다. 그들이 직면한 최대의 문제는 '세금'이었다.

계약내용이 나빴다고 하더라도 그 정도로 인기가 많았기 때문에 비틀즈에게는 막대한 수입이 들어왔다. 당연히 그에 비례해 엄청난 세금이 부과되었다.

당시의 노동당 정권 하에서 영국의 조세법은 개인의 소득에 높은 세율이 적용되었다. 비틀즈와 같은 고액소득자에게는 80% 이상의 소득세가 부과되었으며, 부가세도 있었기 때문에 90% 이상이 과세되었던 것이다(이처럼 높은 세율은 1979년 대처 정권에 의한 조세 개혁이 있기까지 지속된다).

전후 선진국의 소득세는 대부분 이 정도로 높았다. 일본에서도 버블 시기까지는 고소득자의 소득세율은 80% 전후였다.

당시는 한창 동서 냉전인 시기였으며, 공산주의 혁명을 두려워하여 서방 국가에서는 부유층에 고액의 세금을 과세하였다. 그 여파로 인해 직격탄을 맞은 것이 바로 비틀즈였던 것이다.

필자는 '부자는 버는 만큼 세금을 내야 한다'고 생각하고 있다. 그런 이유로 요즘의 선진국 조세 제도는 부자를 지나치게 우대하고 있다고 생각하지만, 그 당시 비틀즈의 세금과 관련해서는 지나친 부분도 있다고 여겨진다.

비틀즈와 같은 예능 비즈니스는 성공과 실패의 갭이 크며, 지금은 잘 나가지만 나중에는 어떻게 될지 모른다. 따라서 다른 고소득자와 똑같이 높은 세율을 과세하는 것은 불공평하다고 할 수 있다.

인기를 얻어도 거의 대부분 세금으로 나가고, 인기가 없어졌다고 해서 돈을 돌려주는 것도 아니라면 연예인에게 있어 '세금 대책'은 시급한 과제가 된다.

비틀즈의 앨범 〈리볼버〉Revolver에는 'Taxman'이라는 곡이 수록되어 있다. 이는 당시 영국의 높은 세금에 대한 내용이다.

물론 비틀즈는 절세를 위해 온갖 방법을 모색했다. 애플사라는 레코드회사의 설립과 실패, 멤버끼리의 소송 등 비틀즈 역사 후반에는 이해가 안 되는 점이 많다. 하지만 세금 문제라는 시각을 통해서 보면 그 수수께끼가 풀리는 것이 있다.

비틀즈의 후기 활동을 보면 '절세'가 그 축이 되고 있다. 그리고 절세의 실패가 해체의 가장 큰 요인이 된 것이다.

비틀즈는 데뷔 후 곧바로 고액 소득자가 되었다. 비틀즈는 데뷔 3년 차인 1965년 시점에 존과 폴은 400만 달러, 조지와 링고는 300만 달러의 자산을 가지게 되었다고 한다(존과 폴은 작사, 작곡 인세가 있었기 때문에 100만 달러가 더 많았다).

당시는 지금보다 물가가 훨씬 낮았기 때문에 상당한 자산이라고 할 수 있다.

영화 〈HELP!〉가
바하마 제도에서 촬영된 이유

비틀즈의 매니저인 브라이언 엡스타인은 일찍부터 비틀즈 절세에 관해 신경을 썼다. 존과 폴이 받은 곡의 저작권 인세도 존과 폴이 직접 받는 것이 아니라 Lenmac이라는 회사를 통해서 받는 시스템을 취하고 있었다. 존과 폴이 저작권 인세를 직접 받으면 고액의 소득세가 과세되기 때문에 저작권 인세는 일단 Lenmac이라는 회사에 들어가고, 다시 Lenmac으로부터 배당을 받는 형태로 존과 폴에게 지급이 되었다. 일반적인 수입보다 배당금 수입 쪽이 세율이 낮았기 때문이다.

Lenmac은 존, 폴, 브라이언 3명이 설립한 회사로, 주식은 존과 폴이 각각 40%, 브라이언이 20%를 소유하고 있었다.

또 이 외에도 존은 햄프셔 주의 슈퍼마켓을 사거나 링고는 건설회사에 투자하거나 했다.

1965년 즈음부터 브라이언은 비틀즈의 수입을 과세율이 낮은 외국의 계좌로 나누어 송금했다.

또 영화 〈HELP!〉는 바하마 제도에서 로케가 진행이 되었는데, 이는 절세 대책도 겸하고 있었다. 비틀즈는 자신들이 주연인 영화도 제작하고 대성공을 거두었는데, 이 〈HELP!〉는 2번째 작품이다. 아이돌 경향에 코믹한 영화인데, 전편에 군데군데 비틀즈의 연주 신을 넣었다.

이 영화 촬영장소가 된 바하마 제도는 '택스 헤이븐'Tax haven이라고 불리는 세금이 낮은 지역이다. 택스 헤이븐, 즉 조세피난처가 이미 1960년대부터 있었다. 조세피난처에 대한 자세한 설명은 뒤로 미루겠다.

비틀즈는 바하마에서 영화 제작을 한 것으로 하고 수입도 그곳에서 받도록 한 것이다. 이 때문에 영화 〈HELP!〉의 수익은 바하마 회사에 지급이 되었다. 이 프로덕션은 비틀즈와 〈HELP!〉를 제작한 프로듀서가 공동 출자한 회사였다.

그리고 영화의 출연료를 바하마의 낫소은행에 예금하기로 했다. 그렇게 하면 영국 세무 당국이 간섭할 수 없었기 때문이다.

비틀즈가 만든 애플사는
세금을 적게 내기 위해 만들어졌다

그래도 비틀즈의 세금 대책은 난항을 거듭했다. 비틀즈의 주 수입은 영국 본토에서 발생했기 때문에 영국에서 거액의 세금을 징수 당했다.

당시의 비틀즈의 과세액 견적은 약 300만 파운드였다고 한다. 반세기 전의 300만 파운드라면 엄청난 가치였을 것이다. 그리하여 비틀즈는 회사를 설립하기로 한다. 그 회사가 바로 애플사이다.

애플사는 요즘은 스티브 잡스의 컴퓨터 업체로 유명하지만 연배가 있는 사람들에게는 비틀즈의 회사라는 이미지가 남아 있을 것이다. 비틀즈가 무모한 비즈니스에 나섰다가 크게 실패한 회사라는 인식으로 말이다.

비틀즈는 이 애플사에서 음악, 영상, 미술 등 다양한 아티스트를 발굴하고 세계 예술의 첨단을 이끌 꿈을 꾸었다. 또 사이키델릭psychedelic 룩, 잡화 등을 모은 '애플 부티크' 등도 개점하고 상업계에서도 혁명을 초래할 예정이었다.

그러나 애플사는 눈 깜짝할 사이에 적자가 누적되고 파산할 지경에 이르게 되었다. 그것이 비틀즈 해체의 큰 요인이었다고 여겨진다. 비틀즈 팬들로서는 분통이 터지지 않을 수 없는 회사이기도 하다.

비틀즈는 자신들의 막대한 수입의 대부분을 세금으로 내는 것은 너무하다는 생각에 회사를 설립하였다. 나아가 평범한 회사를 만드는 것은 재미가 없다는 생각에 감각적이고 선진적인 엔터테인먼트 기업을 만들려고 했다.

왜 회사를 만드는 것이 절세에 도움이 되는지 그 이유는 다음과 같다.

비틀즈의 수입은 애플사가 받게 된다. 애플사는 비틀즈의 수입으로 다양한 사업을 전개한다. 그리고 이익이 나는 경우 배당금이 멤버에게 지급된다. 개인의 수입으로 돈을 받는 것보다 회사에서 배당을 받는 것이 세금이 낮다.

또 멤버 개인이 직접 비틀즈의 수입을 받으면 그 수입에 고스란히 세금이 부과된다. 그렇기 때문에 사업을 하려고 하면 세금을 낸 후의 자금을 이용할 수밖에 없다.

그러나 회사를 만들면 비틀즈의 수입에 대해 과세가 되기 전에 다른 사업에 투자할 수 있다. 비틀즈 입장에서 보자면 자신들의 돈을 자유롭게 사용할 수 있는 범위가 넓어진다.

존의 소꿉친구 피트 쇼튼은 존이 애플사 부티크점을 맡겼을 때 이러한 말을 들었다.

"200만 파운드는 사용해야 한다. 그렇게 하지 않으면 세무서가 몽땅 가져가 버린다."

또 폴은 애플사 설립 취지를 다음과 같이 설명하였다.

"모두들 우리한테 와서 이러이러한 아이디어가 있다고 말해주면 된다. 적극 도전해보라고 말하겠다."

즉 젊은 사람들의 여러 아이디어를 구체화하기 위해 비틀즈가 돈을
내겠다는 것이었다.

그러나 이 애플사에는 기업으로서 갖춰야 할 가장 중요한 부분이 결
여되어 있었다. '숫자를 아는' 사람이 전혀 없었던 것이다.

애플사에는 전문 경영인과 회계 전문가가 거의 없었다. 그저 '자금
만큼은 거액을 가진 회사'였던 것이다.

당연히 방만한 경영이 펼쳐졌다. 애플사에 모인 사람들 대부분은 비
틀즈의 돈만 노렸던 것이다. 회사 명의로 구입한 고급 차량 2대가 행방
불명되는 등 회사로서의 형태가 없는 것과 마찬가지였다.

결국 애플사는 불과 1년도 지나지 않아 경영난에 빠져버렸다. 세금
대책으로 경비를 쓰기 위해 만든 회사이긴 했으나 비틀즈의 상상을 훨
씬 뛰어넘는 경비가 들어간 것이다.

1969년 존은 〈디스크 앤 뮤직 에코〉와의 인터뷰에서 이렇게 말하였
다.

"애플에는 개혁자가 필요하다. 스태프 수도 줄여야 할 것이다. 합리
적인 경영이 필요하다. 큰 이익을 올릴 필요는 없지만 지금과 같은 상태
가 지속된다면 우리는 6개월 안에 파산할 것이다."

얼마 전까지만 해도 300만 파운드의 세금을 내야 했던 비틀즈가 파
산 직전까지 몰리게 된 것이다. 애플사가 얼마나 무지막지하게 돈을 사
용했는지 알 수 있는 대목이다.

또 처음에 애플사를 경영했던 것은 폴이었지만 경영 위기에 처하자

존을 중심으로 경영이 이루어졌다. 그런 와중에 존과 폴 사이에 의견 대립이 발생하게 되었고, 비틀즈에도 균열이 생기게 된 것이다.

결국 비틀즈는 애플사 설립 후 불과 2년 만에 해체하게 된다. 비틀즈 해체의 이유는 한 가지가 아니라 다양한 요인이 얽혀 있으나 이 애플사 비즈니스의 큰 실패가 주요한 요인이 되었음에 틀림없을 것이다.

비틀즈는 해산 당시 1970년에 대부분의 자산을 잃었던 것 같다. 존은 당시 뉴욕에서 살고 있었으나 지인으로부터 돈을 빌릴 정도였다고 한다.

이 비틀즈의 절세 대책 실패는 다른 뮤지션들에게도 큰 영향을 주었다. 60년대 이후 영국의 뮤지션이 세계적으로 성공을 거두자 해외로 이주하는 경우가 많아졌다. 예를 들어 롤링 스톤즈는 70년대에 일시적으로 프랑스로 이주했었다. 아마도 영국의 높은 세금을 피하기 위해서였을 것이다.

좋든 나쁘든 비틀즈는 세금에 있어서도 후대 뮤지션의 표본이 되었다.

PART 12

조세피난처와
'파나마 페이퍼스'

조세피난처란 무엇인가?

20세기가 되자 다국적 기업과 세계 각지를 돌아다니며 활동하는 사업가들이 많이 나타났다. 그리고 세계적으로 세금을 회피하는 방법도 많이 생겼다.

국가마다 세금 체제와 세율이 다르기 때문에 세금이 싼 지역에 거주하거나, 회사 등기를 옮기는 등 국제적인 법으로부터 빠져나갈 틈을 만든 절세대책이 강구되게 되었다. 그리고 조세피난처라는 궁극의 아이템이 출현했다.

최근 뉴스에서 화제가 되는 택스 헤이븐^{tax haven}, 즉 '조세피난처'는 세금이 극단적으로 싼 국가나 지역을 말한다. 케이만제도, 파나마, 남태평양제도의 국가들과 홍콩, 싱가포르, 네덜란드, 아이슬란드 등이 포함된다.

조세피난처에 주거지를 두면 개인 세금은 거의 들지 않는다. 또한 각국을 돌아다니는 다국적 기업이 이곳에 본거지를 두면 법인세 절세도 가능하다.

예를 들어 조세피난처에 본사를 두고 각국에는 자회사를 둔다. 그리고 각국의 이익은 조세피난처의 본사로 돌려놓는 것이다.

그룹 전체로 보면 세금을 크게 줄일 수 있기 때문에 본사를 조세피난처에 두는 다국적기업이 많다. 특히 헤지펀드^{hedge fund}로 불리는 투자회사들 대부분은 조세피난처에 사업장 소재지를 두고 있다. 투자회사의 경우 세계 어디에 적을 두고 있어도 사업에는 그리 지장이 없기 때문이다.

투자회사 중에는 명의만 조세피난처에 두는 것이 아니라 실제로 회사를 조세피난처에 두는 경우도 많다. 무라카미펀드로 세상을 들썩이게 했던 무라카미 요시아키 씨가 홍콩으로 이주한 것을 기억할 것이다.

그리고 조세피난처는 또 다른 특성이 있다.

바로 '기밀성'^{Confidentiality}이다. 보통 선진국끼리는 조세조약을 맺고 의심스러운 돈에 관해서는 서로 정보를 교환하거나 범죄와 관련된 돈에 대해서는 요구가 있으면 당사국에 알려주도록 합의하였다.

그러나 조세피난처 지역의 대부분은 이런 합의에 동참하고 있지 않다. 그러므로 조세피난처는 자국 내에 개설된 예금계좌, 법인 등의 정보를 타국에 알리지 않는 것이다. 아무리 범죄와 관계된 예금계좌, 기업이어도 외부에 누설하지 않는다.

이 때문에 탈세를 위한 자산 은닉을 비롯하여 마약 등의 범죄와 관련된 돈, 뇌물 등 부정한 방법으로 축적한 자금이 집중된 것이다. 즉 조세피난처는 탈세를 방조함과 동시에 범죄자금 은닉처가 된 것이다.

탈세의 세계사

게다가 이 조세피난처의 단점은 기업과 부유층을 유치하는 것뿐만 아니라 '명의를 빌려주기'도 한다는 것이다. 그 결과 부유층과 대기업이 명의만 조세피난처에 두고 세금을 회피하거나 은행계좌를 만들어 자산을 숨겨 놓는 것이다.

조세피난처의 기원은 19세기

그렇다면 조세피난처는 어떻게 생기게 되었을까?

그 기원은 19세기까지 거슬러 올라간다. 서양 열강이 아시아, 미국, 아프리카를 손에 닿는 대로 집어삼키던 시대의 일이다.

당시 기업에는 글로벌화가 일어나기 시작했다. 지금의 다국적 기업과 마찬가지로 세계 각지를 돌아다니며 비즈니스를 하는 기업이 늘어난 것이다.

그런 기업 입장에서는 당연히 세금이 싼 지역에 본거지를 두고 싶을 것이다. 그러한 다국적 기업 중 하나가 어떤 사건을 일으켰다. 그 다국적 기업이란 다이아몬드로 유명한 데비아스사이다. 이 회사는 오랜 동안 다이아몬드의 세계시장 점유율을 90% 가까이 유지했던 사상 최대의 다이아몬드 거래업자이다.

19세기 후반부터 서양 각국에서는 세금이 오르기 시작했다. 거듭되는 전란으로 각국 모두 세입이 부족했기 때문에 기업의 세금을 올린 것이다. 그때 데비아스사는 새로운 대책을 강구했다.

데비아스사는 영국계 회사이지만 세금을 낮추기 위해 본사를 남아프리카에 두고 있었다. 당시 영국에서는 식민지에 대한 투자를 늘리고 있었기 때문에 식민지 기업의 세금을 낮게 책정하고 있었다. 당연히 남아프리카의 세금이 저렴했다. 데비아스사는 그 점을 주목했던 것이다.

그러나 당초 영국의 세무 당국은 데비아스사에 대해 영국 기준법에 의거한 세금을 명했었다. '데비아스사의 이사회는 영국에 있으며, 실질적으로 경영도 영국에서 행해지고 있기 때문에 영국에서 과세해야 한다.'라는 판결이 내려진 것이다.

그러나, 영국 세무 당국의 이 판결은 역으로 영국계 다국적 기업들에게 절세의 힌트를 주게 된다. '이사회를 영국에서 하기 때문에 영국의 세금이 과세된다고 한다면 이사회를 식민지에서 하면 식민지 세금이면 된다.'라는 논리였다.

먼저 이집트에서 부동산 사업을 했던 이집트델타 지대개발회사가 이사회 장소를 카이로로 옮겼다. 영국의 세무 당국은 이 이집트델타 지대개발회사에 대해서도 영국에서 세금을 과세하려고 했다. 그러나 이번에는 재판소가 이의를 제기했다. '이집트에서 경영되고 있는 사실이 있기 때문에 영국에서 과세할 수 없다.'라는 것이었다.

이후 영국의 다국적 기업은 모두 이사회를 식민지에서 하게 되었다. 영국의 시책을 역으로 이용하게 된 것이다.

영국 식민지측은 세계의 다국적 기업이 적을 두게 되었기 때문에 세수가 올라갔다. 세금을 낮추더라도 회사가 적을 두면 등기비용 등이 들게 되고, 또 회사가 어느 정도 그 지역에서 돈을 쓰게 된다. 영국 식민지 입장에서는 이런 것이 귀중한 재원이 된 것이다.

그렇기 때문에 영국의 식민지 대부분은 제2차 세계대전이 끝나고 독립을 한 후에도 조세 제도는 그대로 두었다. 적을 두고 있는 다국적 기업이 떠나지 않도록 하기 위한 것이었다. 바로 이것이 조세피난처의 기원이 되었다.

조세피난처의 또 다른 기원

조세피난처에는 영국 식민지 외에 또 하나의 기원이 있다. 그것은 스위스이다.

스위스 은행에는 수백 년 전부터 비밀유지 의무의 전통이 있었다. 스위스는 중세부터 이미 금융국가였는데, 유럽 가톨릭 국왕들의 금고 지킴이이기도 했다. 스위스 은행은 입이 무겁고 그들이 프로테스탄트로부터 돈을 빌린 사실은 결코 드러나지 않았다.

1713년 당시 독립된 도시국가였던 제네바Geneva는 '은행은 의회의 동의가 있는 경우를 제외하고 고객 이외의 어떠한 인물에게도 정보를 누설해서는 안 된다.'고 정했었다.

스위스는 근대에 들어 중립을 유지함으로써 생존할 수 있었다. 이는 외교적 측면뿐 아니라 경제적 측면에 있어서도 스위스의 생존방식이 되었다.

조세피난처

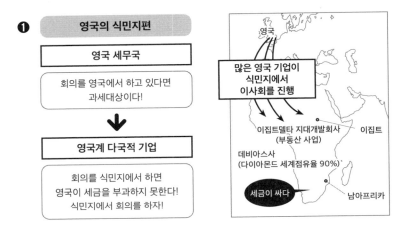

❶ 영국의 식민지편

영국 세무국

회의를 영국에서 하고 있다면 과세대상이다!

↓

영국계 다국적 기업

회의를 식민지에서 하면 영국이 세금을 부과하지 못한다! 식민지에서 회의를 하자!

많은 영국 기업이 식민지에서 이사회를 진행

영국

이집트델타 지대개발회사 (부동산 사업)   이집트

데비아스사 (다이아몬드 세계점유율 90%)

세금이 싸다

남아프리카

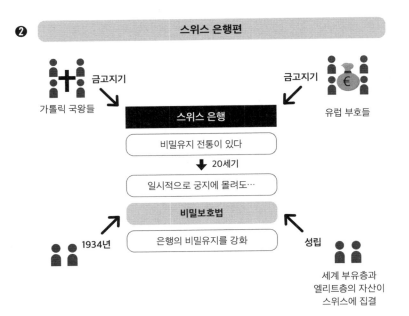

❷ 스위스 은행편

가톨릭 국왕들   금고지기 →

금고지기 ↙   유럽 부호들

스위스 은행

비밀유지 전통이 있다

↓ 20세기

일시적으로 궁지에 몰려도…

비밀보호법

1934년 ↗   은행의 비밀유지를 강화   ↖ 성립

세계 부유층과 엘리트층의 자산이 스위스에 집결

유럽이 전란에 직면했을 때 스위스는 아군과 적군 구별 없이 자산의 은닉 장소를 제공해 왔다. 이는 스위스에 많은 이익을 가져다주었다.

이를 위해 스위스는 은행의 비밀유지 의무를 전통으로 삼아 왔던 것이다. 스위스 은행은 비밀을 유지해 주는 은행으로 오랜 동안 유럽의 부호와 귀족 사이에서 중요하게 여겨졌다. 그 특징은 20세기가 되자 점점 현저하게 나타났다.

1930년대의 세계 대공황 시절 스위스 경제도 궁지에 몰렸다. 그때 스위스 정부는 1934년에 비밀보호법이라는 법률을 만들어 은행의 비밀 유지를 더욱 강화시켰다.

이는 은행 내의 정보를 누설한 경우 형사처벌을 할 수 있는 세계 최초의 법률이었다. 이 때문에 유럽뿐 아니라 세계의 부유층과 엘리트층의 자산이 스위스에 집중되게 되었다.

또한 네덜란드와 룩셈부르크 등 이러한 스위스의 시스템을 도입하는 국가도 생겨났다. 그리고 세금이 낮은 구 영국 식민지는 금융비밀 제도를 도입하였고, 네덜란드와 룩셈부르크는 낮은 세율을 도입하였다. 이리하여 현재의 세금이 낮거나 비밀을 지켜주는 조세피난처가 만들어지게 된 것이다.

세계가 조세피난처의 피해자

이 조세피난처로 인해 세계 각국이 골치를 썩고 있다. 기업들이 조금만 규모가 커지면 바로 조세피난처로 옮겨가 버리기 때문이다. 그렇게 본사를 조세피난처에 두면 모국에서는 세금을 징수할 수 없게 되고 세수가 부족해진다. 한편 돈을 모은 개인이 조세피난처에 자산을 은닉하면 모국에서의 상속세 과세가 어려워지게 된다.

이 조세피난처로 인해 가장 피해를 입은 나라는 미국 정부이다. 대표적인 조세피난처인 케이만제도에는 1만 8,857개의 기업이 있으며, 그중 절반은 미국 관련 기업이다. 이로 인해 미국은 연간 1000억 달러의 세수를 징수하지 못하고 있는 것으로 알려져 있다.

물론 미국뿐 아니라 세계 여러 국가들이 조세피난처로 인한 피해를 입고 있다. 현재 세계은행 자산의 반 이상, 다국적 기업 해외투자의 3분의 1이 조세피난처를 경유하고 있다고 한다.

국제통화기금 IMF는 2010년 발표에서 남태평양 제도의 조세피난처에만 18조 달러의 자금이 쌓여 있다고 추측했다. 18조 달러란 세계 총생산의 약 3분의 1에 상응하는 거액이다. 심지어 이것도 과소평가되었다는 의견도 있다. 국제 비정부기구NGO인 '택스 저스티스 네트워크'는 2010년 말 기준 21조~32조 달러의 금융자산이 조세피난처에 숨겨져 있다고 분석하고 있다.

또 미국 연방회계검사원GAO, General Accounting Office은 미국 대기업 100개사 중 83개사가 조세피난처에 자회사를 가지고 있다고 발표했다. 조세피난처를 감시하는 NGO '택스 저스티스 네트워크'도 유럽의 대기업 100곳 중 99곳이 조세피난처에 자회사를 두고 있다고 보고하고 있다.

탈세의 세계사

조세피난처가 헤지펀드를 파생시켰다

현재 세계 경제에 큰 영향을 미치고 있는 헤지펀드도 조세피난처의 산물이라고 말할 수 있다.

헤지펀드는 거액의 자금을 운용하고, 세계적으로 단시안적인 투기가 이루어져 종종 각국 경제를 혼란스럽게 하고 있다.

헤지펀드가 거액의 자금을 운용할 수 있는 배경에는 그들이 조세피난처를 최대한 활용하고 있기 때문이다.

헤지펀드의 대부분은 케이만제도의 조세피난처를 주소지로 하고 있다. 통상적인 투자활동이라면 개인투자가든 기관투자가든 수익에 대해 세금을 납세해야 한다. 그렇기 때문에 높은 수익을 올리더라도 그것을 모두 재투자하는 것은 불가능한 것이다(세금을 낸 후 남은 돈으로만 투자가 가능하다).

그러나 헤지펀드는 조세피난처에 있기 때문에 높은 수익을 올리면 그 수익을 그대로 재투자할 수 있는 것이다. 때문에 헤지 펀드는 단기간에 급성장을 할 수 있었다.

만약 조세피난처가 없었다면 헤지펀드가 이 정도로 급성장하고 날뛰는 일은 없었을 것이다.

조세피난처의 배후에는 영국이 있다

조세피난처는 세계 곳곳에 피해를 주고 있다. 그런데 왜 선진국은 이를 방임하고 있는 것일까?

물론 각국이 이를 수수방관만 하고 있는 것은 아니다. OECD가 중심이 되어 조세피난처에 대한 규제를 만들기 위한 시도를 지금까지 여러 번 했었다. 그러나 조세피난처 측이 이에 응하지 않고 있다.

조세피난처로 유명한 지역은 케이만제도, 버진제도, 홍콩, 싱가포르, 파나마, 룩셈부르크 등이 있다. 이들 국가 이름을 보면 알 수 있듯이 결코 대국이라고 할 수 없는 곳들이다.

그런데 왜 선진국들은 조세피난처에 강력한 압력을 가하지 못하는 것일까?

실은 조세피난처의 배후에 대영 제국이 존재하고 있기 때문이다. 조세피난처의 대표격인 케이만제도, 버진제도는 영국의 해외 영토이다. 또 홍콩, 싱가포르 등의 조세피난처도 영국의 옛 식민지 지역이며, 이들 국가는 지금도 영국의 시티(런던의 금융가)와 깊은 관계가 있다. 즉 조세피난처의 대부분이 영국과 강한 연결고리가 있는 것이다.

처음에는 영국도 자국 기업이 조세피난처를 이용해서 손해를 입었었다. 그러나 세계의 기업들이 조세피난처를 이용하기 시작하자 영국은 이 기회를 틈타 움직였다.

영국의 옛 식민지는 독립 후에도 경제적 측면에서는 영국의 영향이 강하게 남아 있었다. 이 때문에 조세피난처에 모였던 돈을 영국의 은행이 관리하게 된 것이다.

그렇게 되자 영국은 역으로 조세피난처를 중요하게 여기게 되었다.

조세피난처 덕분에 영국은 세계 금융시장 점유율 1위를 유지하고 있기 때문이다.

세계 금융시장이라고 하면 뉴욕의 월스트리트를 제일 먼저 떠올릴 것이다.

그러나 세계 금융시장 점유율 1위는 월스트리트가 아니다. 분명 뉴욕의 월스트리트는 금융거래량 자체는 세계 제일이다. 그러나 월스트리트의 경우 그 대부분은 미국 국내의 거래이다.

세계 금융시장 전체의 점유율을 보면 런던의 시티 쪽이 월스트리트를 능가하고 있다. 국제적인 주식거래의 약 절반, 국제 신규 공개 주식의 55%, 국제통화거래의 35%를 런던의 시티가 차지하고 있기 때문이다.

또한 영국의 외국환율 거래량은 하루 2조 7260억 달러이며, 세계 전체의 40%를 차지하고 있다. 당연히 압도적 1위라고 할 수 있다. 2위인 미국은 영국의 절반 이하인 1조 2630억 달러이다. 국제금융센터로서의 지위는 지금도 런던의 시티가 굳건히 지키고 있는 것이다.

런던의 시티가 이렇듯 세계 금융시장에 막강한 영향력을 행사하고 있는 이유는 무엇 때문일까? 당연히 조세피난처의 총괄을 담당하고 있기 때문이다.

영국의 경제력은 세계 경제 속에서 볼 때 그리 큰 것은 아니다. 세계의 GDP 랭킹에서는 5위 정도이며, GDP는 미국의 6분의 1에 지나지 않는다. 그러한 영국이 금융 국제거래에서 최대의 점유율을 가지고 있는 것이다. 조세피난처가 얼마나 세계 자금의 흐름을 왜곡시키고 있는지 알 수 있는 대목이다.

파나마 페이퍼스란?

몇 년 전 '파나마 페이퍼스'^{Panama Papers}라는 극비 문서가 세계를 떠들썩하게 했다. 파나마 페이퍼스란 파나마 소재의 조세 회피 전문 법률사무소 '모색 폰세카'의 비밀문서를 독일의 한 일간지가 입수해 폭로한 것이다.

'모색 폰세카'는 조세피난처에서의 회사설립을 주된 업무로 하고 있는 법률사무소이다. 즉 '모색 폰세카'는 대기업 부유층의 가장 알리고 싶지 않은 정보를 취급하고 있었던 것이다.

2015년 8월, 독일 일간지 〈쥐트도이체차이퉁〉^{SuddeutscheZeitung}은 익명으로 '모색 폰세카'의 비밀자료를 제공받았다. 데이터 분량은 2.6테라바이트 규모로 방대했고, 파일 수로 치면 1150만 건에 달했다. 이 데이터에는 과거 40년 동안의 21만 건의 조세 회피 거래 데이터가 기록되어 있었다. 그 안에는 세계 각국의 정치인, 경제인, 저명인, 스포츠 선수가 포함되어 있었다.

이 파나마 페이퍼스에서 거론된 주요 정치인은 다음과 같다.

- 러시아 푸틴 대통령
- 영국 캐머런 총리
- 우크라이나 페트로 포로셴코 대통령
- 파키스탄 나와즈 샤리프 총리
- 아이슬란드 시그뮌뒤르 귄뢰이그손 총리

이 파나마 페이퍼스의 영향으로 아이슬란드의 시그뮌뒤르 귄뢰이그 손 총리는 사임하게 되었다. 그 외에 스페인 각료도 사임하고, 영국의 캐 머런 총리도 파나마 페이퍼스 공표 후 지지율이 급락하여 바로 사직했 다.

파나마 페이퍼스의 이 비밀 데이터를 제공 받은 독일 신문사는 제2 차 세계대전 종결 직후인 1945년 10월에 창간된 진보계열 신문사이다. 이름만 보면 독일의 지역신문사로 생각할 수 있으나 그렇지 않다. 〈쥐트 도이체차이퉁〉은 뮌헨에서 발행되고 독일 전 지역에 배포되며 독일의 일간지 중에서 최대 부수인 40만 부를 자랑하고 있다. 이 발행 부수는 독일에서는 매우 많은 편이다.

〈쥐트도이체차이퉁〉은 일요일을 제외한 주 6일 발행하며, 월요일에 는 미국의 〈뉴스위크〉 기사를 게재하고 있다. 이 신문사는 일본의 아베 노믹스에 대해 '은행과 대기업만 도와주고 있다'며 비판을 하는 등 머니 게임적인 상황에 비판적이기도 했다. 밀고자도 그러한 〈쥐트도이체차이 퉁〉의 사풍을 선택했을 것이다.

현재 파나마 페이퍼스는 ICIJ(국제조사보도 저널리스트 연합)에 의해 세계 에서 400명의 기자가 참여하여 조사 분석을 하고 있다.

〈쥐트도이체차이퉁〉은 한 곳에서만 이런 데이터 분석을 하는 것은 불가능하다고 판단했다. 그래서 세계 각국의 보도기관에 협력을 요청 하였다. 이에 76개국, 107곳의 보도기관이 참여하여 공동 진행을 하고 있다.

왜 '파나마'인가?

파나마 페이퍼스의 유출처인 '모색 폰세카'는 1986년에 만들어진 법률사무소이다. 1986년은 세계에서 '역외 거래'offshore transaction와 '조세 회피'가 급속하게 확산되던 시기이다. '모색 폰세카'의 창립자 중 한 명인 융겔 모색은 독일계 이민자로, 부친은 옛날 나치 친위대 멤버였다고 한다.

나치독일은 남미와 깊은 관계를 가지고 있었으며, 나치의 고위급 관료들은 종전 당시 남미로 망명, 이주하는 경우가 많았다. 융겔 모색의 부친도 그중 한 명이었다. 또 한 명의 창설자인 라몬 폰세카는 파나마의 지식인 계급 출신으로, 소설가로도 성공을 거두었다.

모색 폰세카는 파나마 정·재계에 큰 영향력을 가지고 있었다. 공동경영자인 라몬 폰세카는 대통령 특별고문이기도 했다(브라질 뇌물사건 관련으로 사직했다).

모색 폰세카는 세계 40곳에 500명 이상의 스태프가 있는 거대한 법률사무소가 되었다. 고객 명단에는 예전 리비아 카다피 대사, 짐바브웨 무가베 대통령, 시리아 아사드 대통령 등 독재자들도 이름을 올렸다.

파나마는 강대국이라고 말하기는 어려운 카리브해 지역의 작은 국가이다. 그런 소국인 파나마의 법률사무소를 왜 세계의 권력자들과 대기업 오너인 부유층들이 이용했을까?

파나마라는 국가에는 실은 머니 론더링money laundering(돈세탁)의 전통이 있다. 파나마뿐 아니라 카리브해의 주변국 전체에서 돈세탁이 이루어지고 있었다. 그 기원을 살펴보자면 미국의 금주법 시대까지 거슬러 올라간다.

앞서 말한 바와 같이 금주법 시대에 술 밀수 등으로 재산을 형성한 알 카포네가 1931년 탈세로 체포되었다. 범죄 사실을 교묘하게 숨기고 당국의 추궁을 교묘하게 피해 왔던 알 카포네였으나 자산 은닉까지는 손길이 미치지 못했던 것이다.

이를 본 다른 미국의 마피아들은 머니 론더링을 생각하게 되었다. 영화 〈대부〉Godfather의 모델인 마이어 랜스키는 스위스에 비밀계좌를 만들어 자금을 세탁했다.

그 후 마이어 랜스키는 쿠바에서도 돈세탁을 시작한다. 그러나 쿠바가 1959년에 사회주의국가가 되는 바람에 마이어 랜스키는 바하마를 이용하게 되었던 것이다.

바하마는 1976년에 독립하지만 영국연방에서는 이탈하지 않았다. 현재도 조세피난처로, 금융업이 주된 산업이다.

바하마와 마찬가지로 카리브해 주변의 파나마, 케이만제도도 돈세탁의 무대가 되어갔다. 그리고 파나마에는 탈세자에게 있어 최강의 아이템이 갖춰져 있다. 그 아이템이란 다음과 같다.

- 세금이 매우 낮다
- 은행 기밀법이 있다.
- 여러 외국과 정보교환에 응하지 않는다.

조세피난처라 불리는 지역들 중에서도 이 세 가지 조건을 모두 충족시키는 곳은 드물다. 예를 들어 홍콩과 싱가포르도 조세피난처로 유명하지만 이곳은 많은 국가들과 조세조약을 맺고 있어 탈세와 '검은돈'에 대한 정보를 교환하고 있다.

조세조약이란 국가 간에 세금을 조정하는 조약을 말한다. 기업의 이중과세 방지와 조세 회피 정보를 교환한다. 이 조세조약의 내용은 양국 간의 대화에 의해서 결정되는데, OECD의 조세조약 모델이 있어 가맹국의 대부분은 그 모델을 따르고 있다.

그러나 파나마는 14개의 국가와만 조세조약을 맺고 있다. 게다가 그 조세조약은 OECD 모델과 비교하면 매우 완화된 것이다.

그리고 파나마에는 '은행기밀법'이라고 하는, 은행의 정보 제공을 제한하는 법률이 있다.

은행기밀법이란 누가 어느 정도의 자산을 맡겼는지 절대 정보를 제공해서는 안 된다는 법률을 말한다. 그렇기 때문에 외국의 조사 당국이 검은돈의 확인을 요구해도 협력하지 않는 것이다.

게다가 파나마는 법인 설립과 은행계좌 개설 등이 매우 쉽다. 당국의 엄중한 확인도 없으며, 누구라도 쉽게 회사를 만들 수 있고 은행계좌를 개설할 수 있다.

파나마에서는 예전에 은행계좌 개설을 하는데 이름조차 필요하지 않았다. 최근에는 외국 국가들의 항의로 약간은 엄격해졌으나 그래도 타국과 비교하면 개설하기도 쉽고 비용도 저렴하다.

예를 들어, 파나마 법인설립 서비스 사이트에 따르면 회사 설립 비용은 약 3,000달러, 은행 계좌 개설비용은 약 2,000달러라고 한다. 회사의 체제를 유지하기 위한 수수료를 포함해도 1만 달러 이하로 회사를 만들 수 있는 것이다.

파나마의 위험한 비즈니스

파나마는 남·북 아메리카를 이어주는 위치에 있다. 파나마 안에 개척된 파나마 운하는 미국 대륙을 배로 가로질러갈 수 있는 유일한 항로이다.

이 파나마 운하는 북미와 남미의 중간 지점에 있으며, 아시아와 유럽을 연결하는 항로이기도 하다. 한마디로 국제무역의 요충지라고 말할 수 있다.

파나마는 이 지리적 이점을 최대한 이용하기 위해 해운업, 국제금융 센터를 정비했다. 그리고 1970년 은행법이라는 것을 만들었다. 이 법률은 파나마를 사실상 조세피난처로 만드는 것이었다. 이 파나마 은행법의 요지는 다음과 같다.

- 은행 설립의 규제를 완화시킨다.
- 해외거래만 하는 은행을 인정한다(오프쇼어뱅크^{offshore bank}, 역외은행)
- 외국인(비거주자)의 이윤에는 세금을 부과하지 않는다.
- 외국인(비거주자)의 예금에는 환율관리를 하지 않는다.

- 여러 외국 정부의 어떠한 압력이 있어도 예금자의 신원을 밝히지 않는다.

또한 파나마는 미국의 경제력을 잘 이용해 왔다. 파나마 통화는 발보아Balboa라는 명칭을 가지고 있는데, '1발보아=1달러'로 고정되어 있어 미국 달러 화폐를 그대로 사용한다. 파나마 정부가 발행하는 것은 1달러보다 작은 단위의 화폐뿐이다. 이렇듯 미국 달러 사용이 가능한 정책 덕분에 세계의 기업이 파나마에 오기 편해진 것이다.

그리고 파나마에는 우수한 인재도 많아 많은 국제법률사무소가 만들어져 있다. 법률이 완화되어 있는 데다 법률에 강한 법률사무소도 있는 것이다. 이로 인해 조세피난처로서의 기반이 완전히 갖춰진 것이다. 물론 파나마의 경제는 조세피난처가 된 후 윤택해졌다.

또한 파나마는 금융뿐 아니라 '선적'으로도 비즈니스를 하고 있다. 해난사고에서 '파나마 선적선'라는 표현이 나오는 것을 기억할 것이다. 파나마는 세계의 선박 주인들에게 좋은 조건으로 선적을 제공하고 있다.

등록요금도 저렴하며 세금도 부과하지 않는다. 이 때문에 톤수 기준 세계 선박의 5분의 1이 파나마 선적인 것이다.

통상적으로 배의 소유자는 국가에 선박 등록을 해야 한다. 선박의 책임 소재를 명백히 하기 위한 것이며, 과세의 주체를 특정하기 위한 것이기도 하다.

그러나 선박을 등록하면 그 국가의 법률에 구속된다. 선원의 노동조건, 안전기준 등을 충족시켜야 하며, 등록 요금도 필요하다. 그렇기 때문에 많은 선박주가 법이 엄격하지 않은 파나마의 선박으로 등록하고 싶어 하는 것이다.

파나마라는 국가는 이러한 법망을 피해갈 수 있는 비즈니스를 하는 특징을 가지고 있다.

파나마에 대한 국제적 비판

파나마는 2014년에 국제기관인 '국제자금세탁방지기구'FATF로부터 '국제 돈세탁 감시국'으로 지정되었지만 정부의 압력으로 현재는 지정 해제되었다. 그러나 현재까지도 FATF로부터 조세피난처로서의 감시는 이어지고 있다.

또한 모색 폰세카 법률사무소는 2016년 1월 브라질 수사관으로부터 '거대한 돈세탁의 무대'가 되고 있다고 비난 받았다. 당연한 결과이지만 파나마 페이퍼스의 유출은 국가적으로 큰 문제가 되었다.

그때까지 파나마는 국가적으로 투자자와 자산가의 비밀을 지킨다는 것이 가장 큰 비즈니스의 장점이었다. 그 때문에 파나마 페이퍼스의 유출은 파나마 국내법 위반이기도 하다. 만약 유출한 인물이 특정지어지면 파나마에서 체포되게 된다.

파나마 변호사회는 모색 폰세카를 옹호하고, 모색 폰세카는 스스로를 피해자라고 주장하고 있다.

게다가 파나마 페이퍼스의 유출처인 모색 폰세카 법률사무소는 이

분야의 규모로 보면 파나마에서 4번째나 5번째에 불과하다. 그럼에도 불구하고 그렇게 데이터가 많았던 것이다.

조세피난처는 파나마뿐 아니라 세계 각지에 있다. 때문에 이 데이터는 빙산의 일각에 지나지 않는 것이다(빙산의 일각조차 아닐지도 모른다).

PART 13

푸틴 대통령은 탈세 적발로
국민의 지지를 얻었다

공산주의는 '양극화'로 인해 붕괴되었다

40대 이상인 사람들은 기억하고 있을 것이다. 1980년대까지 세계는 '동서냉전'이 첨예했었다.

제2차 세계대전 이후 세계는 자유주의 진영과 공산주의 진영으로 나뉘어졌다. 두 진영 국가들의 교류가 있기는 하지만 인적 이동과 물적 이동에 엄격한 제한이 있었다. 그리고 두 진영 모두 강대한 핵무기를 가지고 있었기 때문에 세계 사람들은 언제 핵전쟁이 일어날지 모른다는 두려움에 떨었다. 당시 상당수의 국가와 지역이 핵 쉘터shelter(핵 피난처)를 마련하고자 했다.

그러나 1980년대 후반 동서냉전은 극적으로 끝이 났다.

1985년에 미하일 고르바초프가 소련의 서기장으로 취임하면서 경제 개혁이 시작되었다. 고르바초프는 피폐한 소련 경제를 재건하기 위해 페레스트로이카(개혁개방정책)를 추진한다. 개인 사업을 인정하거나 공동조합으로 기업의 설립을 인정하는 등의 경제 개혁을 하고, 외교적으로는 서구 여러 나라들과의 협력을 추진한 것이다.

그리고 '그라스노치'라고 하는 '정보공개'도 추진하였다. 이 정보공개로 인해 소련 경제의 취약성, 소련 사회의 불공평이 알려지면서 국민의 불만이 불타올랐다.

소련의 당시 평균 월수입은 노동자가 157루블, 농민이 117루블이었다. 노동자의 평균소득의 반이 되는 75루블 이하의 극빈곤층은 3576만 명이나 되었다. 소련의 빈곤층과 극빈곤층을 포함하면 국민의 35%나 된다는 설도 있다.

게다가 연금생활자는 더욱 비참했다. 연금수급자 5600만 명 중 반은 50루블 이하의 극빈곤층이었던 것이다.

반면에 공산당간부 50만 명은 월 500루블 이상의 연금을 받았다. 이러한 정보가 공개되면서 소련 국민은 큰 불만을 품게 되었다. 또 소련의 경제침체로 인해 다른 공산주의 국가에 대한 구심력도 잃어갔다.

이어서 동유럽 국가들의 반발을 막지 못하게 되고 소련은 1988년의 베오그라드 선언을 통해 그때까지의 지도적 입장을 포기한다고 발표했다. 이를 받아들인 폴란드, 헝가리 등이 연이어 공산주의를 포기, 독일에서는 베를린 장벽이 붕괴되는 등 공산주의 국가의 붕괴가 시작되었다.

그리고 소련도 해체되기 시작했다. 이 소련 붕괴 당시 권력자가 쉴 틈 없이 바뀐 것을 기억하는 사람들이 많을 것이다.

소련이 붕괴될 때 지도자였던 사람은 고르바초프이다. 소련은 '공산주의'를 포기한 후 소련이라는 나라인 채로 일시적으로 민주적인 국가를 만든다. 처음이자 마지막으로 대통령이 된 것은 고르바초프였지만 그리 오래 가지 않았다.

사실 소비에트연방은 15개 국가의 연합이며, 러시아공화국을 중심으로 구성되어 있었다. 그러나 이 시기에 러시아공화국과 소비에트연방과의 의사가 달랐던 것이다.

당시 소비에트연방에서는 서기장에서 대통령이 된 고르바초프가 지도자였으나 쿠데타 미수 사건이 일어나 지도력이 약해졌다. 이때 영향력을 강화시키고 있었던 것이 쿠데타 미수 사건을 주도적으로 해결한 러시아공화국 최고의회 의장 옐친이었다.

옐친은 연방 내의 다른 국가와 자치구에도 영향력을 미쳤으며, 소비에트연방의 영향을 배제하는 운동을 추진하였다. 그 결과 러시아, 벨라루스, 우크라이나가 소비에트연방으로부터 이탈했다.

소련의 중심이었던 러시아공화국이 이탈한 마당에 다른 국가들이 가만히 있을 리가 없었다. 소련을 구성하고 있던 다른 공화국들도 연달아 이탈하고 소련은 붕괴되고 말았다.

원래 소련의 영토 대부분(4분의 3)은 러시아공화국이 가지고 있었다. 때문에 소련 영토의 4분의 3이 러시아공화국(현 러시아연방)으로 계승되었다.

탈세 적발로 국민의 지지를 얻은
푸틴 대통령

소련에서 이탈한 러시아공화국은 1991년에 러시아연방으로 재출발했다. 이 러시아연방의 초대 대통령으로는 러시아공화국 대통령이던 옐친이 그대로 취임을 하였다.

그러나 신생 러시아의 초대 대통령이 된 옐친도 그리 오래 가지는 못했다. 옐친 대통령 시대의 러시아는 국내 경제에 대혼란이 오고 실업자와 자살하는 사람들이 속출했다.

옐친 정권은 국민의 지지를 받지 못하고 총리는 계속해서 교체되었다. 결국 그는 건강 문제를 핑계로 1998년 임기 도중에 스스로 러시아 대통령직을 사임했다. 그리고 옐친 대통령은 사임 시 수상이었던 푸틴을 후계자로 지명했다.

푸틴 대통령은 KGB 출신으로 비밀스러운 분위기가 있었기 때문에 국민들의 인기를 별로 얻지 못할 것이라고 여겨졌다. 그러나 푸틴 대통령이 취임하면서 러시아 경제가 점점 안정되자 국민들로부터 인기가 급상승하였다. 푸틴 대통령이 국민의 지지를 얻은 가장 큰 이유는 탈세 적발이었다.

소련이 붕괴되고 러시아연방이 탄생한 당시 러시아 국민들 대부분이 역경에 처해 있는 동안 급격하게 부를 축적한 사람들이 있었다.

러시아의 대혼란은 눈치 빠른 실업가에게 있어서는 오히려 큰 비즈니스 기회였다. 소련 시대에 요직에 있던 사람들 중에 눈치 빠른 사람은 외국으로부터 자금을 조달하여 옛 소련 기업을 헐값에 매수하고 눈 깜짝할 사이에 대기업의 경영자가 된 것이다.

그리고 그런 소수의 대기업 경영자가 러시아 경제력의 상당 부분을 독점하게 되었다. 그들은 '오르가르히'oligarch라고 불리었다. 오르가르히는 그리스어의 과두정치라는 것이 어원인데, 당시의 러시아에서는 '신흥재벌'을 의미했다.

　2000년대 초 당시 러시아의 최대 자산가로 일컬어졌던 오르가르히인 보리스 베레조프스키는 "러시아 부의 40%는 7명의 오르가르히가 잡고 있다."고 호언장담하였다. 그리고 오르가르히의 대부분은 석유와 가스 등의 천연자원과 관련된 기업의 경영자였다. 그들은 소련 시대의 국영 석유회사를 싸게 사서 성공을 거둔 것이다.

　원래 러시아는 방대한 자원을 가지고 있는 나라이다. 석유, 천연가스, 석탄 등의 에너지 자원, 철광석, 금, 동, 니켈, 수은, 알루미늄 등의 광물자원 등 산업에 필요한 자원이 없는 것이 없다고 말할 정도이다.

　소련은 냉전 중 석유 산출량으로 사우디아라비아를 제치고 세계 1위가 되었을 정도였다. 러시아는 현재도 세계 1위에서 3위 사이를 오가고 있다.

　이 풍부한 천연자원을 잘 활용하면 상당한 비즈니스를 할 수 있을 것이다.

　예를 들어 러시아의 전 석유왕인 미하일 호도르코프스키는 1995년에 옛 소련의 에너지 기업체를 실제 금액보다 110억 달러나 싸게 매수했다고 보고 있다. 그리고 유코스라는 석유회사를 만들어 눈 깜짝할 사이에 러시아 석유의 20%를 취급하는 세계 최대급 석유회사로 성장하였다.

미하일 호도르코프스키는 정계에 커넥션을 가지고 있어 소련 붕괴 직전의 러시아공화국 총리고문도 맡고 있었다. 93년에는 러시아연방의 에너지청 차관이 되었다. 그러한 인물이 옛 소련 에너지 기업체를 싸게 매수한 것이다.

물론 러시아 국민들의 불만은 컸다. 그러나 그들은 막대한 자금력을 가지고 있는 데다 정계에 강력한 커넥션도 가지고 있어 국민들의 강한 비판에도 쉽게 실각되지 않았다. 옐친 대통령도 그들로 인해 힘든 점이 많았지만 아무것도 할 수 없었다.

그런데 이들 오르가르히를 철저하게 공격한 것이 푸틴 대통령이었다. 오르가르히 안에는 푸틴 대통령을 지지한 자도 있었으나 푸틴 대통령은 그들에 대해 명확한 적대적 자세를 취하였다.

푸틴 대통령은 탈세와 횡령과 같은 혐의로 그들의 우두머리를 체포하였다.

앞에서 소개했던 소련 석유공동체를 110억 달러에 싸게 매수한 미하일 호도르코프스키도 횡령과 탈세 혐의로 2003년에 체포되었다. 버진제도, 키프로스와 같은 조세피난처에 비밀계좌를 개설하여 4억 유로를 부정 송금한 사실이 발각된 것이다.

그는 러시아의 세무 당국으로부터 약 300억 달러의 추징금을 부과받은 데다 금고 9년의 실형 판결까지 받았다. 세계 최대급 석유회사였던 유코스는 이 추징금 부담을 견디지 못하고 파산하게 되었으며, 국영기업에 팔렸다.

이를 본 오르가르히 중에서는 러시아에서 탈출해서 망명하는 부류도 있었다. 또는 자산 일부를 러시아 정부에 기부하고 체포를 모면하는 자도 있었다. 대표적인 예가 영국 프리미어리그 첼시 FC의 오너로 알려진 러시아의 대재벌 로만 아브라모비치이다.

그도 유력 오르가르히 중 한 사람으로, 옐친 대통령의 측근으로 알려져 있었기 때문에 옛 소련의 석유공동체를 저렴하게 매수하여 '시브네프트'라는 세계 유수의 석유회사를 만들었다. 그러나 푸틴 대통령이 오르가르히를 적발하는 것을 보고 급히 시브네프트 주식을 국영 에너지기업 '가스프롬'에 매각했다. 로만 아브라모비치는 덕분에 푸틴 대통령의 탈세 적발을 피할 수 있었던 것 같다. 현재도 그는 첼시 FC의 오너로서 건재하다.

푸틴 대통령의 자산 은닉 방법

공산주의가 붕괴해가는 혼란기에 탈세 적발로 국민들의 지지를 얻은 푸틴 대통령은 유감스럽게도 파나마 페이퍼스에 의해 그 자신의 자산은닉 혐의가 부상했다.

전술한 바와 같이 조세피난처라 일컬어지는 지역은 세금이 저렴할 뿐만 아니라 맡은 자산에 대한 비밀이 철저히 보장되고 있다. 그렇기 때문에 사연이 있는 돈을 가지고 있는 각국의 지도자와 마피아 보스는 조세피난처를 자산은닉 장소로 이용했다.

그 대표적인 예가 푸틴 대통령이었던 것 같다. 그의 자산은닉 방법은 다음과 같다.

푸틴 대통령의 친구인 세계적인 첼로 연주자인 세르게이 롤두긴이 파나마의 법률사무소 '모색 폰세카'를 통해서 버진제도의 조세피난처에 여러 차례 페이퍼 컴퍼니를 만들었다.

세르게이 롤두긴은 푸틴 대통령과는 학창 시절부터 친구로, 푸틴 대통령 딸의 이름까지 지어줄 정도로 친한 사이였다.

롤두긴의 페이퍼 컴퍼니는 러시아 최대의 철강회사 사장으로부터 600만 달러의 융자를 받았다. 그러나 롤두긴의 페이퍼 컴퍼니는 이 철강회사 사장에 대해 1달러만 변제하였다. 즉 철강회사로부터의 융자는 사실상 기부였던 것이다.

또 롤두긴의 페이퍼 컴퍼니는 러시아 투자회사와 투자 계약을 체결했다가 계약이 파기되면서 위약금 명목으로 고액의 돈을 받았던 사실도 드러났다. 이러한 수법으로 롤두긴의 페이퍼 컴퍼니는 20억 달러를 모은 것으로 추정된다.

또 이 외에도 푸틴 대통령의 지인인 실업가, 은행가 등이 조세피난처에 페이퍼 컴퍼니를 만들고 있으며, 그곳에 러시아 국가 자산의 일부도 유입되어 있다는 의혹도 있다.

푸틴 대통령 관련 페이퍼 컴퍼니는 서로의 자금을 복잡하게 주고받고 있어 돈의 출처가 어디인지, 지출처가 어디인지 명료하지 않다. 돈세탁의 전형적인 예라고 말할 수 있는 것이다.

아직 명확하게 푸틴 대통령이 관여했다는 사실이 증명된 것은 아니다. 그러나 상황적 증거로 추측하자면 푸틴 대통령은 러시아 국내 기업

탈세의 세계사

으로부터 거액의 정치 헌금을 받았으며, 이를 직접적으로 받으면 세상의 비난을 받고, 법에 저촉될 우려가 있기 때문에 조세피난처의 페이퍼 컴퍼니에 융자를 한다는 명목으로 간접적으로 돈을 받은 것으로 보인다.

그렇다 하더라도 '20억 달러'는 엄청난 금액이다. 러시아의 대통령이 되면 그 정도의 거액이 필요했던 것일까?

아니면 언젠가 실각했을 때 망명하기 위한 자금을 모아둔 것일까?

어찌됐든 스케일이 다른 자산들이 지금도 조세피난처로 유입되고 있다는 것이다.

소련 붕괴로 인해
세계는 양극화 사회가 되었다

소련의 붕괴는 세계 경제와 각국의 조세 제도에도 큰 영향을 미쳤다. 소련과 공산주의 진영이 건재했을 때 서방 진영은 자본주의의 폭주에 나름대로 신경을 썼다.

공산주의가 발흥한 것은 18세기 산업혁명부터 20세기에 걸쳐 자본주의 경제가 과열되어 빈부 격차가 확대되었기 때문이었다. 그래서 서방 진영은 동서냉전 중 자본주의 경제 체제를 갖추면서도 국민들의 불만이 생기지 않도록 배려했다. 세금 측면에서도 상속세 세율을 올리거나, 소득세의 누진율을 강화해 부유층에게 많은 세금을 과세하였다.

로스차일드가가 상속세 때문에 쇠퇴한 것과 비틀즈가 수입의 대부분을 세금으로 냈다는 사실은 전술한 바와 같다.

그러나 소련 붕괴로 인해 한쪽의 세력이 약해진 것이다. 또한 공산주의가 붕괴되었기 때문에 자본주의야말로 올바른 경제사상이라고 여겨지게 되었다.

그러자 법인세를 대폭 낮추고, 상속세와 소득세의 누진율을 급속히 완화했다.

예를 들어 선진 주요국의 법인세율(지방세 포함)은 1980년대에는 50% 전후였으나 현재는 25% 전후까지 낮아졌다.

독일은 1980년대에는 50%를 넘었으나 현재 30% 정도이며, 영국은 1980년대에는 50%를 넘었으나 현재 20%를 밑돈다. 미국은 1980년대에 50% 정도였으나 현재 30%도 되지 않는다. 일본은 1980년대 50%에 가까운 법인세율이었으나 현재는 30% 정도이다.

또한 선진국 부유층의 소득세율, 상속세율도 잇달아 대폭 낮아졌다. 그 결과 세계적으로 빈부의 격차가 커지게 되었다.

국제 협력단체 '옥스팜'의 발표에 의하면 2015년 세계 부의 절반은 1%의 부유층이 쥐고 있다고 한다. 이 1% 부유층의 부의 점유율은 2009년 시점에서는 44%였으나 매년 확대되고 있다.

일본에서도 양극화 사회가 점점 가속화되고 있다. 일본은행의 금융홍보중앙위원회가 발표한 2017년의 '가계 금융행동에 관한 여론조사'에 의하면 2인 이상 가구에서 저축이 제로인 가정이 30.9%에 달하고 있다고 한다. 이 데이터는 혼자 사는 사람은 포함되지 않았으며, 국민

선진국들의 법인세율(국세만)의 추이

	미국	일본	영국	독일	프랑스
1980년	46%	40%	52%	56%	55%
2018년	27%	29%	19%	29%	33%

*여기에 국가에 따라서는 지방세(주세, 주민세)등이 더해진다.

전체로 환산하면 이 수치는 더욱 올라갈 것이라고 추측된다.

한편 세계적인 금융그룹인 크레디트 스위스(스위스 취리히에 있는 금융기관)가 발표한 '2016년 글로벌 웰스 리포트'에 따르면 100만 달러 이상의 자산을 가진 사람들, 즉 밀리오네어^{Millionaire}(백만장자)로 불리는 일본인은 282만 6,000명이나 된다고 한다. 전년 대비 74만 명 가까이 증가했으며, 증가율은 세계 최고이다.

일본에만 국한된 것이 아니다. 세계적으로 양극화가 급속히 진행되고 있으며 사회의 다양한 부분에서 이상 현상이 발생하고 있다. 점점 발생빈도가 늘어나는 테러도 빈곤국과 빈곤 지역의 젊은이들이 일으키는 경우가 많다.

선진국의 재무 당국은 큰 오해를 하고 있다고 말할 수 있다. 소련이 붕괴된 것은 국민이 평등했기 때문이 아니다. 앞서 서술했듯이 양극화가 너무 지나쳤기 때문이다. 일부만이 윤택한 삶을 누리고 국민 전체가 괴로워하는 사회였기 때문에 붕괴된 것이다.

공산주의 시스템은 사회의 양극화를 막는 것이 아니라 조장했던 것이다. 그렇다고 해서 자본주의 시스템이 맞느냐고 하면 꼭 그런 것만도 아니다.

공산주의란 자본주의 사회에 불만을 가지고 있는 사람이 많았기 때문에 확대된 것이다. 때문에 전후의 선진국들은 양극화가 발생하지 않도록 대비했던 것이다.

반대세력이 멸망했다고 해서 다시 되돌리면 이전과 같은 문제가 발생할 것이다.

PART 14

'중국판 조세피난처'의 달콤한 함정

중국이 만든 '초超조세피난처'란?

알고 있는 바와 같이 최근 중국 경제는 급속한 성장을 이루고 있다. 2010년에는 GDP가 일본을 제치고 미국에 이은 세계 제2위 경제대국이 되었다. 세계 무역에 있어서는 현재 미국을 제치고 세계 1위이다.

1990년대 이후 공산주의 국가가 연이어 붕괴된 가운데 왜 공산주의 국가였던 중국이 자본주의 국가를 뛰어넘을 정도로 급속한 발전을 이룬 것일까?

가장 큰 이유는 바로 '조세피난처'에 있다고 말할 수 있다. 실은 중국은 케이만제도보다 더 '유효한 조세피난처'였다.

1979년, 중국은 개혁개방정책을 시행했다. 선전深圳, 주하이珠海, 산터우汕頭, 샤먼廈門에 경제특구를 만든 것이다.

경제특구란 특례적으로 외국기업 진출을 용인하고 세금 우대를 해주는 지역을 말한다.

중국은 공산주의 국가이며, 기업은 모두 국영에 준하는 원칙이 있다. 그러므로 그때까지 원칙적으로는 외국 기업이 들어오지 못했다.

그러나 경제특구를 만듦으로써 그 지역에서는 자유주의 국가와 마찬가지로 외국 기업이 진출할 수 있게 되었다.

또한 경제특구에서는 세금우대 조치와 인프라를 정비하여 적극적으로 외국 기업을 유치했다.

선전, 주하이, 산터우, 샤먼은 모두 연안 지역으로 홍콩, 마카오, 대만과 근접해 있는 곳이다. 여기에 경제특구를 마련하여 홍콩, 마카오, 대만의 기업과 투자금을 유치하려고 한 것이다.

중국의 이 경제특구 정책은 '성공'했다. 외국 기업에게 있어 중국의 경제특구는 매우 이상적인 '조세피난처'였기 때문이다.

중국의 경제특구의 법인세 세율은 15% 정도였다. 당시의 선진국 법인세율은 40~50%정도였기 때문에 이 낮은 세율만으로도 충분히 만족스러웠던 것이다.

이와 더불어 중국의 경제특구는 '공업지대'로서도 매우 좋은 조건을 갖추고 있었다.

먼저 토지가 저렴하며 공장용지가 정비되어 있었다. 무엇보다 인건비가 선진국에 비해 10분의 1 이하로 저렴했다. 특히 중국 사람들은 누구나 나름대로 교육을 받았기 때문에 바로 공장의 노동자로 일을 시킬 수 있었다. 즉 양질의 노동력을 매우 저렴하게 사용할 수 있었던 것이다.

또한 중국은 동남아시아의 정중앙에 위치하고 있다. 때문에 아시아

탈세의 세계사

권에 대한 수출도 매우 편리했다.

다른 조세피난처의 경우 이렇지는 않았다. 케이만제도와 같은 조세
피난처는 세금은 낮으나 공장용지도 없고 우수한 인재가 많은 것도 아
니다. 그렇기 때문에 회사의 명의를 두는 것으로만 이용하였다.

그러나 중국의 경우 생산 거점으로도 사용할 수 있고 조세피난처와
같이 세금도 낮았던 것이다. 그야말로 '이상적인 조세피난처'라고 말할
수 있다.

이로써 중국의 경제특구는 점점 더 많은 외국계 기업을 유치하고 중
국 경제를 견인하게 된다. 중국은 그러자 서서히 경제특구를 확대시켜
나갔다.

1986년까지 새로 다롄^{大連}, 친황다오^{秦皇島}, 텐진^{天津}, 옌타이^{煙台}, 칭타오
^{青島}, 렌윈강^{連雲港}, 난퉁^{南通}, 상하이^{上海}, 닝보^{寧波}, 원저우^{溫州}, 푸저우^{福州}, 광
저우^{広州}, 잔장^{湛江}, 베이하이^{北海} 등 14개 도시가 '경제기술개발구'로 지정
되었다.

경제기술개발구란 경제특구보다 더 자유도가 높은 지역을 말한다.
당연히 외국 기업에 대한 조세 우대도 있었다.

이 80년대의 경제기술개발구의 설치로 인해 많은 외국 기업들이 한
꺼번에 중국으로 몰려들었다.

타국 기업의 힘으로 경제 발전 이룬 중국

그러나 이 중국판 조세피난처에는 큰 함정이 있었다. 중국의 경제발전을 선진국 기업이 견인하게 된 것이다. 외국의 선진 기업이 진출해 공장을 세우고, 거기서 만든 제품을 모국과 다른 외국에 수출을 하는 것이다. 중국은 장소와 인력만 제공했다.

외국 기업은 인건비와 제반 비용을 처리한다. 중국 입장에서 보자면 '외국인이 공장을 설립하고 자동적으로 산업을 발전시키는' 것이 된다.

중국 수출입에서 차지하는 외국계 기업 비율(%)

	수출	수입
1985년	1.1	4.9
1989년(천안문 사건)	9.4	14.9
1990년	12.6	23.1
1995년	31.5	47.7
2000년	47.9	52.1
2005년	58.3	58.7
2010년	54.6	52.9

*《미·중 경제와 세계 변동》, 오모리 타쿠마 저, 이와나미서점

이는 서양 국가들이나 일본의 경제발전과는 완전히 다른 양상이다.

영국, 미국, 독일, 일본 등 중국 이전의 공업국은 자국의 기업이 발전함으로써 경제 발전을 이루었다. 초기 단계에 외국의 지원을 받기도 했으나 자국 기업이 원동력이 되어 국력을 키웠다.

예를 들어 일본은 메이지시대 초기에 외국의 지원을 요청하거나 일부 외국 기업이 진출하기도 했다. 하지만 바로 국내에서 방적회사가 세워져 공업국이 될 수 있었다.

탈세의 세계사

영국, 미국, 독일 등도 마찬가지다. 자국 기업의 성공과 비례하여 경제가 성장해 갔다.

그러나 중국의 경우 외국 기업으로 중국 경제 전체를 견인한 것이다. 도표에 나와 있듯이 중국 경제에서 차지하는 외국 기업의 비율은 매우 높다.

이것만 보자면 '중국은 잘해 왔다'고 말할 수 있다. 서양의 기업들도 이익을 거둔 데다 세금이 낮았기 때문에 서로에게 좋았다고 할 수 있다. 그러나 이야기는 아직 끝나지 않았다.

선진 기업의 기술정보를 흡수하다

중국판 조세피난처의 가장 두려운 함정은 진출한 기업의 기술 정보가 흡수된다는 점이다.

중국이 개혁개방 정책을 추구하기 시작했을 때 외국 회사에 대해서는 자본투자 제한이 있었다. 자동차 등의 기계제조 분야에서 외국 자본비율이 50%를 넘으면 안 되는 것으로 되어 있었다(현재는 이 자본비율의 제한은 상당히 완화되었으나 중요한 산업에서는 어느 정도 남아 있다).

일본 업체가 중국에 진출할 때도 마찬가지였다. 자본 100%의 자회사를 만들지 못하여 중국 측과 합작회사를 만들어야 했다. 그렇기 때문에 중국에 진출한 일본 자동차 업체, 전기 업체는 중국과의 합작회사를 만들었던 것이다.

이로 인해 훗날 일본 업체와 중국 업체 간에 경쟁 구도가 만들어지게 되었다.

예를 들어 일본의 전기 업체가 중국에 진출한 것은 1970년대 후반이다. 1978년 중국의 실력자인 등소평이 일본을 방문했을 때 오사카의 파나소닉 공장을 시찰하였다.

안내 역할을 한 마쓰시타 고노스케에게 등소평은 "중국의 근대화를 도와주지 않겠느냐?"고 말했다고 한다. 이에 마쓰시타 고노스케는 "가능한 일은 하겠다."고 약속했고, 다음해에 베이징 사무소를 설립하였다.

파나소닉은 1978년에 베이징에 브라운관 제조의 합작회사를 만들었다. 이것이 일본기업으로서는 전후 최초의 중국 공장이 되었다.

물론 마쓰시타 고노스케 입장에서는 '싼 노동력 공급원'으로서의 중국에 큰 매력을 느꼈을 것이다. 그리고 중국이 나중에는 큰 가전 시장이 될 것도 예상했을 것이다.

그러나 마쓰시타 고노스케가 간과한 점이 있었다. 그것은 중국이 하청 공장에만 머물지 않고 스스로 기업을 일으켜 일본의 가전 업체를 위협하는 존재가 될 것이라는 점이었다. 게다가 20년이라는 매우 짧은 시간에 그것을 이루었다는 점이다.

기업이 해외 진출을 하는 것은 그 기업의 기술이 해외에 유출된다는 뜻이다. 기업이 아무리 기술 유출 방지에 노력한다 하더라도 외국에 합작회사를 만들고 공장 설비를 세우면서 기술 유출을 막을 수는 없다.

그리고 진출한 국가에서는 당연히 기술력이 향상된다. 선진 기업이 오랜 시간 노력해서 쌓아 올린 기술력을 쉽게 흡수할 수 있는 것이다.

중국 기업이 급격하게 발전한 것은 이것이 큰 요인이었다.

개혁개방 이후 20년 만에 중국에는 일본 기업의 강력한 경쟁 상대가 되는 기업이 세워졌다. 게다가 현재에 이르러서는 도시바^{Toshiba, 東芝}가 중국 기업에 매수될 정도가 되었다.

메이디그룹에 기술을 계속 제공한
도시바^{Toshiba}의 운명

2016년 일본 경제를 뒤흔든 사건이 있었다. 도시바의 백색가전분야 회사를 중국의 대형 가전업체 '메이디그룹'^{美的集團}이 매수한 것이다.

잘 알다시피 도시바는 일본을 대표하는 가전 업체이다. 그리고 도시바의 백색가전이라고 하면 이전에는 도시바의 주력 상품이었다. 그런 분야를 중국 업체에 매수당한 것이다. 많은 일본인들이 중국 경제의 위협을 뼈저리게 느꼈을 것이다.

메이디그룹은 1968년에 광둥성 순더^{順德} 주민 23명에 의해 만들어진 '베이완^{北滘}시 플라스틱 생산팀'이 그 시작이었다. 처음에는 작은 플라스틱 공장에 지나지 않았다.

1980년에는 선풍기 생산에 성공하여 가전 분야에 진출했다. 1981년에는 '메이디'를 상표로 등록하였다. 1985년부터 에어컨, 밥솥, 냉장고 생산도 시작하여 1992년에는 주식회사가 되었다. 1993년에는 선전 주식시장에도 상장했다.

1980년대 연평균 성장률은 60%, 90년대에도 50%라는 경이로운 성장을 이루어냈다.

메이디그룹의 발상지인 광둥성 순더는 개혁개방 정책의 상징적인 지역이었다. 90년대 이후 일본과 서양의 기업들이 연이어 공장을 설립했다. 도시바, 산요, 파나소닉 등이 이 지역에 공장을 건설하였다. 메이디그룹의 광둥성 순더 중국 업체는 일본, 서양의 하청 공장으로 급성장을 이룬 것이다.

게다가 도시바와 메이디그룹은 이전부터 깊은 관련이 있었다

도시바는 1993년에 메이디그룹과 업무 제휴를 시작하였다. 업무 제휴라고 해도 당시의 도시바와 메이디그룹은 어른과 아기 정도의 차이가 있어, 사실상 도시바가 중국에 진출하기 위한 창구로서 메이디그룹을 이용한 것이다. 메이디그룹의 주력 상품인 밥솥은 이때 도시바로부터 마이크로컨트롤러 기술을 도입하였다.

또 도시바는 1990년대 초반에 광둥성 순더의 만가락萬家樂이라는 중국 기업과 에어컨 컴프레서 제조 합작회사를 만들었다. 이 합작회사가 실패하자 1998년 순더의 지방정부가 개입하여 만가락의 지주회사를 메이디그룹이 인수하게 한 것이다.

이 때문에 도시바와 메이디그룹은 에어컨 컴프레서 제조를 공동으로 하게 되었고, 합작회사의 이름도 메이디그룹과 도시바에서 한 글자씩 따서 '메이즈'美芝로 하였다.

이 메이즈 경영은 대성공을 거두었고, 메이디그룹은 일약 에어컨 분

야에서 세계 유수의 업체가 되었다.

도시바는 메이디그룹이 비약하는 데 있어 중심 역할을 하였다. 물론 도시바로서는 메이디그룹을 중국 진출의 발판으로 삼으려는 의도가 있었다. 도시바와 메이디그룹이 만든 합작회사는 도시바 브랜드의 가전제품을 제조 및 판매하기로 하였다.

당시 메이디그룹과 그 합작회사는 사실상 도시바의 중국 하청 기업이었다.

그러나 메이디그룹은 도시바와의 업무 제휴 이후 급속하게 발전하고 중국 유수의 가전업체로 성장하였다. 그리고 중국이라는 큰 시장을 차지하게 되어 막대한 자본력을 손에 넣은 것이다.

현재 메이디그룹은 발상지인 순더를 비롯하여 광저우의 중산中山, 충칭重慶, 장쑤江蘇 등 중국 각지에 생산 거점을 확대하고 있다. 메이디그룹의 가전제품은 중국 국내뿐 아니라 200개가 넘는 국가, 지역으로 수출되고 세계 유수의 가전 업체로 성장하고 있다.

그리고 전술한 바와 같이 2015년에는 도시바의 백색가전 사업인 '도시바 라이프스타일'을 산하에 두게 된 것이다.

도시바는 낮은 세금과 인건비 절약을 위해 안이하게 중국에 진출하였다. 하지만 그 결과 중국 기업을 거대하게 키우고 강대한 라이벌로 만들었다. 게다가 마지막에는 그 라이벌에게 먹혀버렸다.

또한 도시바뿐 아니라 산요전기의 백색가전 분야도 중국의 하이얼Haier에 매수되었다.

현재도 중국은 외국 기업에 대해 조세 우대 정책을 펼치고 있다. 최

첨단 기술 분야의 외국 기업에 대해서는 조세의 우대 조치가 있는 것이다.

중국의 법인세율은 약 30%이다. 그러나, 이 외국기업 우대 조치를 사용하면 10% 정도로 낮출 수 있다. 선진국의 현재 법인세율은 아무리 낮아도 20% 정도이기 때문에 중국에서는 그 절반 정도면 되는 것이다. 게다가 아직 중국의 인건비는 비교적 저렴하다.

그렇기 때문에 서양 기업이 중국에서 회사를 만들고 제품을 만들어서 수출을 하고, 중국에서 세금을 납세하면 매우 큰 이익을 남길 수 있게 된다. 그러나 안이하게 중국에 공장을 이전시키면 나중에 생각지도 못한 역습을 당하게 된다.

중국 여배우 판빙빙의 거액 탈세

2018년 10월 중국의 유명 여배우 판빙빙^{范冰冰}이 거액을 탈세하여 큰 뉴스가 되었다.

판빙빙은 일본과 홍콩, 한국 등의 영화에도 출연하였다. 최근에는 할리우드에도 진출하여 2014년에는 〈X-Men: Days of Future Past〉에도 출연한 바 있다. 미국의 〈포브스〉지가 발표한 2015년 세계 여배우 수입 랭킹에서는 연간 2100만 달러로 4위였다.

그러나 2018년 5월 CCTV(국영 중앙텔레비전)의 전 캐스터인 추이융위안이 중국판 트위터 '웨이보'^{微博}에서 판빙빙의 탈세 의혹을 지적했다.

〈대폭격〉이라는 중·일 전쟁을 그린 신작영화와 관련하여 정규 출연계약서 외에 이중계약서를 작성하여 정규 계약서의 5배나 되는 출연료를 받았다는 내용이었다. 그 계약서 사진이 웨이보에서 공개된 것이다.

이를 보고 중국의 세무 당국도 움직였으며, 다음 달인 6월 초부터 3개월 동안 판빙빙의 SNS 갱신은 중단되었고, 소식이 끊겨 큰 소동이 일어났다.

인터넷상에서는 '해외 도피를 한 것 아니냐', '세무 당국의 조사를 받고 있는 것은 아닌가'라는 소문이 파다했으나, 결국 세무 당국의 조사를 받고 있었다고 한다.

그 결과 추징금과 벌금 등 총액 8억 8400만 위안(한화 약 1440억 원)을 부과 받았다. 소득세 등 730만 위안의 납세를 하고 그녀가 대표를 맡고 있는 기업에 2억 4800만 위안의 세금 미지불이 판명되어 그중 1억 3400만 위안이 의도적인 탈세라고 인정된 것이다.

웨이보에서 지적된 신작영화의 개런티 자체에 관한 탈세액은 730만 위안 정도였으나, 다른 부분의 탈세액이 어마어마했다. 아마 중국 세무 당국은 웨이보의 고발을 받고 판빙빙의 수입을 철저하게 다시 조사했을 것이다. 그 결과 총액 8억 8400만 위안이라는 엄청난 추징금을 부과한 것이다.

판빙빙도 이 막대한 수입을 다 숨긴 것은 아니고, 처음에는 정치인들과의 커넥션을 이용하여 세무 당국의 눈을 피해갔다고 보고 있다. 이만큼 거액의 자산이 일반적으로 간과되었다고 생각하기는 어렵다.

그러나 최근 중국은 부유층의 탈세에 대해 사회적인 비판이 있으며,

또 판빙빙의 경우에는 인터넷으로 증거 사진까지 공개되었기 때문에 본 격적으로 조사를 할 수밖에 없었다.

여기까지는 국제적인 여배우의 거액 탈세 사건에 대한 이야기지만 지금 중국의 경우 이 정도로 끝나지 않는다.

이 일을 계기로 중국 세무 당국은 영화 업계에 대해 '연말까지 신고 가 누락된 부분을 자진 신고하면 행정 처벌을 면제하겠다'고 통지하였 다. 즉 영화업계에서 탈세가 횡행하고 있다는 것은 중국 국내에서는 공 공연한 사실이었기 때문이다.

게다가 예능 관계자 중에는 교묘한 탈세 방법을 구사하고 있는 경 우도 있는 것 같다. 판빙빙의 케이스와 같이 이중계약서를 작성하는 경 우는 당연히 명백하게 유죄이나 그 안에는 무죄, 유죄가 명백하지 않은 방법으로 세금을 회피하는 예능 관계자도 다수 있는 것 같다.

'일대일로'一帶一路 정책과 조세피난처

현재 중국은 '일대일로'一帶一路, One belt One road라는 세계적인 규모의 경 제 프로젝트를 추진하고 있다. '일대일로' 구상이란 중국 서부에서 중앙 아시아, 유럽으로 이어지는 지역을 '실크로드 경제벨트'로 정하고, 여기 에 대규모 인프라를 정비하고 거대한 물류, 생산지역을 형성하려고 하 는 것이다. 아시아와 유럽의 경제 활성화로 이어지는 것으로 세계로부 터 주목을 받고 있다.

그리고 이 일대일로 구상의 재정적 측면을 지원하기 위해 중국은 주도적으로 AIIB(아시아 인프라 투자 은행)를 만들었다. AIIB는 1000억 달러를 출자금으로 모아 그것을 아시아와 유럽 각지의 개발에 투자한다는 목적을 가지고 있다.

AIIB는 중국판 마셜 플랜이라고도 일컬어지고 있다. 중국은 출자금 중 30% 정도를 부담했다. 물론 그것은 출자국 중에서는 가장 크다. 즉 AIIB는 '중국이 돈을 내서 그 돈을 개발 투자에 사용하자'라는 취지를 가지고 있는 것이다.

다른 국가 입장에서 보면 중국이 낸 돈을 싸게 빌려서 개발에 이용할 수 있는 기회가 생긴 것이다. 그렇기 때문에 세계 여러 국가가 참여하고 있다.

영국은 일찍부터 참여를 표명하였고, 독일과 프랑스와 같은 유럽 국가도 가입하였으며, 한국과 호주도 참가하고 있다.

현재 일본과 미국은 이 AIIB에 참여하고 있지 않다. 아시아 지역에서는 일본과 미국이 장기간 동안 인프라 투자 지원을 해 왔다. AIIB와 같은 취지를 가진 아시아개발은행ADB이 반세기 전인 1966년에 설립되었다. 출자 비율은 미국이 15.7%로 가장 높으며, 일본이 2위로 15.6%이다.

이 아시아개발은행은 아시아의 인프라 투자에 지금까지 기여해 왔다는 자부심도 있어 일본과 미국은 중국이 중심이 되는 개발은행에 참여하고 싶지 않은 것이다.

한편 중국은 일본 주도가 아닌 중국 주도의 아시아개발은행을 만들고 싶었을 것이다.

물론 중국은 일대일로 구상을 반드시 성공시켜야 한다는 목표도 있을 것이다. 그렇기 때문에 세계 국가들의 참여를 촉구하는 것은 물론 중국의 민간 자본도 일대일로에 투자하도록 하고 있다.

그리하여 중국은 일대일로의 최전선 지역에 매우 세금이 낮고 조건도 좋은 조세피난처를 만들었다.

일대일로 지역의 조세피난처 중 대표적인 곳이 신장위구르자치구 이리카자흐자치주에 있는 호르고스라는 도시이다. 호르고스는 중국과 중앙아시아를 연결하는 교통의 요충지이다. 일대일로 구상의 정중앙에 있는 것이다.

이 호르고스는 중국 민간기업과 부유층들에게는 최강의 조세피난처가 되고 있다. 호르고스에서는 5년 동안 법인세가 면제되며, 그 후 5년 동안에도 법인세가 절반만 부과된다. 심지어 개인소득세는 제로이다.

중국 정부는 민간기업과 부유층을 여기에 모아 자본을 집중 투하시키려는 목적을 가지고 있었다. 게다가 이 호르고스는 조세피난처 중에서도 이상할 정도로 엄격하지 않다.

작금의 세계적인 조세피난처 조세 제도에서는 조세피난처에 회사 등기를 해도 그 지역에 회사의 실체가 없으면 무효가 된다는 국제적 룰이 있다.

그러나 중국의 이 호르고스는 회사 실체의 여부는 묻지 않으며, 호르고스에서 꼭 영업을 해야 한다는 의무 조항도 없다. 등기만 하면 되는 것이다. 때문에 중국의 민간기업들도 줄줄이 이 지역으로 등기를 이전하고 있다.

호르고스의 세무 당국에 의하면 2016년 1년 동안 2,411개의 회사가 호르고스에서 법인 등기를 했다고 한다.

또한 주소지를 호르고스로 옮긴 부유층도 상당수 있다고 한다. 영화 업계의 부유층들도 이 일대일로 지역의 조세피난처를 이용하는 사례가 많다고 본다.

중국 엘리트들의 자산 은닉 수법

또한 중국의 고위급 관리들은 자국의 조세피난처를 사용할 뿐 아니라 국제적인 '조세피난처'도 활용하며 세금을 회피하고 있는 것 같다.

파나마 페이퍼스에서도 중국 공산당의 핵심인물들이 조세피난처를 이용하고 있다는 사실이 명백해졌다.

그중에는 국가주석인 시진핑의 처남의 딸이 설립한 회사 이름도 있었다고 한다.

이 회사는 홍콩에 고급 맨션 한 채를 소유하고 있었다. 그 맨션은 2007년에 2000만 홍콩달러(한화 30억 원)에 구입한 것이다. 그런데 자금 출처와 회사의 운영이 어떻게 되는지에 대해서는 의심스러운 부분이 많이 있다. 때문에 시진핑과 관련된 이권이 얽혀 있는 것은 아닌지 당연히 의구심이 가는 부분이다.

시진핑은 '부정부패 척결'을 강하게 주장해 왔다. 때문에 중국 국민의 반발도 상당히 컸다. 그러나 중국 정부는 지극히 중국다운 방법으로 그 반발을 막으려고 하고 있다.

중국에서는 파나마 페이퍼스에 대해 엄격하게 정보 통제를 하고, 인터넷에서는 파나마 페이퍼스와 관련된 문구는 검색하지 못하게 막아버렸다.

시진핑 외에도 당시 제1부총리 장가오리張高麗, 정치국 상무위원 류윈산劉雲山도 친족이 조세피난처에 회사를 보유하고 있는 사실이 발각되었다. 또 은퇴한 장쩌민 등 공산당 옛 간부들의 이름도 보인다.

공산당의 엘리트와 중국인의 부유층에게 있어 조세피난처를 이용하는 것은 일상인 것이다. 파나마의 법률사무소 모색 폰세카의 최대 고객은 중국이며, 실제로 고객의 3분의 1이 중국, 홍콩 거주자였다고 한다.

중국은 현재 세계 제2위의 경제대국이다. 바로 그 때문에 조세피난처를 이용하는 부유층이 증가했다는 견해도 있다. 그러나 아무리 그렇다고 하더라도 중국인의 조세피난처 이용은 너무 많다.

중국의 조세피난처 이용이 그토록 많은 이유는 무엇일까?

아마 중국인 부유층은 자산 보유의 관념이 강한 경향이 있는 것 같다. 중국의 정세는 아직 불안정하다. 그러므로 부유층은 가능한 한 돈을 안전한 장소에 두고 싶다고 생각하는 것이다.

중국 경제는 자유화 되었다고는 하지만 아직 공산주의의 간판을 내걸고 있다. 과거에는 문화대혁명으로 인해 부유층이 큰 데미지를 입었다. 현재도 중국인의 상당수는 당시 가족들 중 누군가를 잃거나 고문당했던 기억이 생생할 것이다.

'지금 가지고 있는 자산은 최대한 은밀하게 숨겨 두고 싶다.'

그러한 중국인 부유층에게 있어 조세피난처는 최고의 은닉 장소인 셈이다.

PART 15

GAFA의
탈세 스킬

영국 스타벅스의 탈세

전술한 바와 같이 영국은 세계에 조세피난처 망을 구축하고 부유층과 대기업의 세금 회피를 도왔다. 그러나 그 정책은 영국 정부에도 돌아왔다.

예를 들어, 최근 세계적인 커피숍 체인인 스타벅스Starbucks가 영국에서 거의 세금을 내지 않았던 것이 문제가 되었다. 스타벅스는 영국에 700개의 점포를 냈는데, 과거 15년 동안 영국에서 전혀 세금을 내지 않았던 것이다. 이 때문에 영국의 상원 결산위원회의 청문회에 불려가 추궁을 당했다.

스타벅스의 세금 수법은 '이전 가격'이라고 불리는 것이었다. 먼저 커피콩을 스위스의 자회사가 수입하면, 이를 영국의 자회사가 사들이는 시스템이다.

영국 스타벅스의 콩 매입 가격은 높게 설정되었다. 세금이 비싼 영국에서 이윤이 나오지 않도록 하고, 세금이 영국의 약 절반 정도인 스위스 자회사에서 이윤이 나도록 한 것이다.

또한 세금이 매우 낮은 네덜란드에 스타벅스의 지적소유권을 관리하는 회사를 두어서 영국 스타벅스에서 고액의 로열티를 지불하게 하고 있었다. 즉 스타벅스 그룹 전체의 수익을 세금이 낮은 네덜란드에 집중하게 하는 시스템을 만든 것이다.

스타벅스는 영국 의회에서의 추궁으로 인해 연간 2000만 파운드의 세금을 지불하기로 하였다. 그렇다 하더라도 영국 전역에 700개의 점포를 가지고 있고, 연간 5억 달러의 매출이 있는 외식산업 대기업으로서는 낮은 세금이라고 할 수 있다.

게다가 이런 일은 스타벅스뿐만이 아니다. 영국에서 세금을 회피하고 있는 국제적인 그룹은 일일이 열거할 수 없을 정도로 많다.

예를 들어 애플Apple은 2011년, 영국에서 67억 파운드의 매출을 올리고, 22억 파운드의 이익을 남겼다. 원래대로라면 5억 7000만 파운드의 세금을 내야 하지만 1440만 파운드밖에 내지 않았다.

아마존Amazon은 2006년에 유럽 본사를 런던에서 룩셈부르크로 이전했다. 2010년부터 2011년까지의 2년 동안 영국에서 세금을 내지 않아 세무 당국의 조사를 받았다.

페이스북Facebook은 영국에서의 수입이 1억 7500만 파운드 있었는데, 법인세는 23만 8000파운드에 지나지 않았다. 원래 1억 7500만 파운드에 대한 세금으로 2100만 파운드 정도 과세되었어야 했다. 페이스북도 스타벅스와 같은 수법을 사용하여 아일랜드에 자회사를 만들어 그리로 이익을 이전시킨 것이다.

탈세의 세계사

구글Google은 영국령인 버뮤다제도를 이용하여 원래는 2억 2400만 파운드가 과세될 세금을 600만 파운드로 끝냈다.

이와 같이 영국이 만든 조세피난처라는 몬스터(괴물)는 영국도 습격하게 된 것이다.

애플의 탈세 스킬

최근 'GAFA'라는 말을 많이 한다. 각종 미디어에서도 많이 거론되고 있기 때문에 아는 사람들도 많을 것이다. 세계적인 기업 구글, 애플, 페이스북, 아마존을 일컫는 말이다.

이들 4개 기업은 PC, 인터넷 관련 산업으로 급속히 성장하고, 세계적 규모의 비즈니스를 하고 있는 미국 기업이다. 그리고 이들 기업은 조세피난처를 잘 이용하여 탈세를 하기로도 유명하다.

그 대표적인 케이스를 애플에서 찾아볼 수 있다. 애플의 탈세 스킬은 매우 교묘하다.

미국에는 코스트 셰어링cost-sharing(비용 분담)이라는 제도가 있다. 이는 미국 회사와 외국 회사가 무형자산을 공동 개발한 경우 미국에서의 권리는 미국 회사가, 미국 이외에서의 권리는 외국 회사가 사용할 수 있게 하는 것이다.

애플은 이 제도를 이용하여 아일랜드의 자회사에 애플 연구 개발비를 부담시켰다. 그렇게 하여 '공동개발'이라는 형태를 만든 것이다.

연구개발을 모두 미국에서 하고 있음에도 불구하고 아일랜드의 자회사가 비용을 부담하고 있어 '공동개발'이 된 것이다. 이로 인해 미국 외에서의 애플 사용료는 아일랜드의 자회사가 모두 받게 된 것이다.

아일랜드의 법인세율은 12.5%로, 미국의 약 3분의 1이다. 2004년 애플은 세계 매출의 3분의 1 이상을 아일랜드 자회사로 집중시켰다.

또 애플은 아일랜드에 자회사를 두 군데 두고 있는데, 그중 한 군데는 주소를 버진제도에 두고 있다.

아일랜드 세법에서는 아일랜드에서 설립된 회사여도 거주지가 외국인 경우 그 국가에서 과세하는 것으로 되어 있다. 이 때문에 아일랜드의 자회사 중 한 군데는 버진제도에서 세금이 부과되는 것이다.

버진제도는 조세피난처로, 법인세가 전혀 들지 않는다. 애플은 이 버진제도에 주소를 두고 있는 회사에 그룹의 이익 대부분을 집중시켰다. 그 결과 애플은 그룹 전체의 세 부담율을 9.8%까지 낮출 수 있었던 것이다.

아일랜드는 선진국 중에서는 매우 세법이 느슨한 국가이다. 이 때문에 애플은 아일랜드를 경유하여 조세피난처를 이용할 수가 있었다.

애플이 직접 조세피난처에 이익을 집중시키려고 해도 미국의 세법이라면 그런 방법을 허용하지 않는다. 그러나 아일랜드를 경유함으로써 미국의 조세피난처 대책을 피해갈 수 있었던 것이다.

게다가 애플은 2개의 아일랜드 자회사 사이에 네덜란드 자회사를 끼고 있다. 이로 인해 미국의 세무 당국의 추궁을 완벽하게 피해 갈 수 있었던 것이다.

애플사의 이런 탈세 스킬은 '더블 아이리시 위드 더치 샌드위치'Double Irish with a Dutch Sandwich라고 불리고 있다. '2개의 아일랜드에서 네덜란드를 샌드위치로 했다'라는 의미이다.

이 수법은 IT기업의 탈세 스킬의 모델 케이스로, 다른 미국 IT 기업도 따라하게 되었다. 애플은 이 수법으로 미국에서 내야 할 약 24억 달러를 모면할 수 있었다고 추측된다.

왜 아마존은
일본에서 법인세를 지불하지 않는 것인가?

GAFA 중 한 곳, 아마존도 매우 강력한 탈세 스킬을 취하고 있다.

아마존은 일본의 세무 당국과 격하게 부딪친 적이 있다. 2009년 도쿄국세국은 아마존에 대해 140억 엔 전후의 추징과세처분을 내렸다. 도쿄국세국은 일본에서 법인세를 내지 않은 아마존에 대해 '일본 국내에서의 판매수익과 관련하여 일본의 법인세에 상응하는 세금을 내야 한다'고 지적한 것이다.

이 뉴스가 보도되었을 때, '아마존은 왜 일본에서 세금을 내지 않았던 것인가'라며 여론이 들썩였다.

외국 기업이라 하더라도 일본에서 비즈니스를 하여 수익을 올린 회사라면 원칙적으로 일본에서 법인세를 내야 한다. 그런데 아마존은 왜 일본에서 법인세를 내지 않았던 것인가?

간단하게 말하자면 다음과 같다.

일본에서의 판매 업무는 아마존의 일본 자회사인 '아마존 재팬'과 '아마존 재팬 로지스틱스'가 주로 맡고 있다. 아마존 재팬과 아마존 재팬 로지스틱스는 아마존 본사로부터 판매 업무를 위탁 받은 형태이나, 시스템적으로 회사의 이익의 대부분이 미국 본사에 흡수되는 형태여서 일본에서는 이익이 거의 남지 않는다.

이에 대해 일본 세무 당국은 아마존 본사가 일본에서 얻은 수익은 원래 일본에서 납세해야 하는 것이라고 하여 과세를 단행한 것이다.

그러나 아마존의 미국 본사는 미국에서 납세하고 있으므로, '일본에서 납세하면 이중과세가 된다'면서 일본의 세무 당국에 이의를 제기한 것이다. 그리고 '미·일 양국 간 협의'를 신청한 것이다.

요지는 '미국 본토의 세법에 따라 납세를 하고 있기 때문에 불만이 있다면 미국 정부에게 따지라'는 것이다. 그래서 실제로 일본과 미국의 양국 간에 협의를 하게 된 것이다.

그 결과는……, 일본이 전면적으로 양보하는 형태가 되었다.

'미·일 조세조약'이라는 불평등 조약

'일본에서 비즈니스를 하고 수익을 올린 돈은 일본에서 세금을 내야 한다'는 것은 일반적으로 생각하면 당연한 것이다. 일본 기업이 미국에서 비즈니스를 해서 돈을 번 경우 미국에서 납세하고 있다.

그럼에도 불구하고 왜 이러한 비상식적인 경우가 버젓이 통과된 것일까?

실제로 국가 간의 세금문제에서는 이러한 일이 자주 일어나고 있다.

타국적 기업과 글로벌적으로 수입이 있는 사람의 세금은 관련 각국에서 체결된 '조세조약'을 바탕으로 과세되게 되어 있다. '조세조약'이라는 것은 표면적으로는 국가 간에 평등한 관계로 되어 있다.

그러나 세세한 실무 운영에 들어가면 양국 간에 협의가 이루어져야 한다. 그리고 양국 간의 협의에서는 그 국가 간의 역학 관계가 크게 작용을 하게 되는 것이다.

예를 들어 일본의 프로야구 선수로 오는 미국인들은 일본에서 소득세를 내지 않는다. 그러나 일본인 선수가 메이저리그에 간 경우, 미국에서 소득세를 내는 경우가 대부분이다.

일본과 미국의 외교 관계는 표면적으로는 평등한 관계에 있다. 그러나 실무 운용 측면에서 보면 미국에 유리한 경우가 많다. 일본과 미국의 관계는 지금도 실질적으로 '불평등 조약'을 맺고 있는 것이다.

아마존은 현재 선진국을 중심으로 세계에서 비즈니스를 전개하고 있다. 그리고 아마존도 스타벅스와 마찬가지로 조세피난처를 잘 활용하여 대폭적인 절세를 하고 있다.

아마존은 자회사를 세금이 싼 조세피난처에 두고 그룹 전체의 이익을 그곳에 집중시켜 절세를 하고 있는 것이다. 크레디트 결제기능을 아일랜드의 더블린에 두거나 유럽에서의 비즈니스의 이익은 룩셈부르크에 집중하도록 만들어 놓았다. 아일랜드도, 룩셈부르크도 조세피난처이며, 특히 룩셈부르크는 아마존에 대해서는 더 관대한 세금우대 조치를 취하고 있다.

물론 이는 세계적으로 비난을 받는 일이지만 아마존은 그룹 전체 납세액의 반을 미국에서 납세하고 있다. 2013년을 예로 들자면 아마존은 전 세계에서 3억 달러 정도의 세금을 납세하고, 그중 약 반 정도는 미국에서 납세했다.

사실 이 부분이 중요한 점이다. 미국에 가장 많은 세금을 납세함으로써 아마존은 미국의 세무 당국에 좋은 인상을 주고 있다. 아마존이 다른 국가와 과세 문제로 트러블이 발생할 시 '불만이 있으면 미국 정부에 말하라'고 할 수 있게 된 것이다.

미국의 세무 당국은 아마존이 다른 국가에 세금을 내는 것보다 자국에서 세금을 냈으면 하는 바람이 있을 것이다. 그 결과 미국 세무당국이 아마존의 방패막이가 된 형태로 아마존의 글로벌적 절세가 가능하게 된 것이다.

아마존과 유럽 국가들 사이의 세금 분쟁

물론 아마존의 이러한 글로벌 절세에 대해 세계 각국이 입을 다물고 있을 리가 없다. EU(유럽연합)는 '아마존은 룩셈부르크에서 부당하게 세금을 회피하고 있다'고 결론을 내리고, 룩셈부르크 정부에 대해 추징 과세를 하도록 지시를 하였다. 또한 영국에서도 아마존과 구글 등 미국계 글로벌 기업의 세금 회피를 막기 위한 법안을 만들었다.

또한 2018년에는 G20이 협력하여 인터넷 통신판매 기업의 세금 회피를 방지하기 위한 방안을 검토하기 시작했다. G20도 이대로 아마존만 이익이 늘어나는 것을 막기 위해 각국이 협조하여 대응에 나선 것이다.

그러나 미국 정부가 G20의 발의를 그대로 수용할지 여부는 의문이 남는다.

그런데 아마존에 관해서는 트럼프 대통령도 가끔 비난을 하고 있다. 2018년 3월 29일, 트럼프 대통령은 "아마존은 세금을 내지 않고 있다."고 하며 아마존에 대한 과세를 강화시키겠다고 발표했다.

아마존은 일단 미국에서 세금을 내고는 있으나 수익의 대부분을 조세피난처에 이전시키고 있기 때문에 미국에 내는 세금은 2000만 달러 정도밖에 안 된다. 전 세계에서의 연간 매출이 1000억 달러가 넘는 것에 비하면 납세액이 너무 적은 것이다.

미국도 아마존이 세금을 더 내줬으면 하는 바람이 있다. 단, 미국은 세계의 국가들 대부분이 아마존으로부터 세금을 징수하는 것은 좋게 생각하지 않기 때문에 G20의 시도에는 찬성하지 않을 가능성이 높다.

또한 아마존의 CEO인 제프 베조스Jeff Bezos는 1120억 달러의 자산을 가진 세계적인 자산가로, 〈워싱턴포스트〉도 매수하여 미국의 여론에 영향력을 끼칠 수 있는 인물이다.

아마존의 서비스는 분명 매우 편리하며, 비즈니스에서 우수한 측면도 많다. 그러나 운송업자와 참여업자에게 강력한 압력을 가하는 등 결코 '양심적인 기업'이라고 칭찬할 수는 없다.

이대로 아마존이 세금도 내지 않고 계속해서 팽창하는 것은 세계 경제에 바람직한 일이라고 생각하지 않는다. 어떻게 해서든 미국과 G20 국가가 보조를 맞추어 아마존을 정직한 기업으로 만들었으면 한다.

구글의 탈세 스킬

GAFA 중 하나인 구글도 탈세로 인해 일본의 세무 당국으로부터 세금 추징을 당한 적이 있다. 2019년에 도쿄국세국이 '구글 재팬'에 대해 세무조사를 하고, 2015년도 세무 신고에서 약 35억 엔의 신고 누락을 지적한 것이다. 구글 재팬은 구글의 일본 자회사이다.

추징 세액은 과소신고 가산금을 포함하여 약 10억 엔이었다. 구글 재팬은 이 지적에 따라 추징금을 납부했다.

구글의 과세 회피 수법도 별반 다르지 않다. 세금이 극단적으로 낮은 싱가포르에 본부를 두고, 그곳으로 세계의 자회사들의 이익을 집중시켜 그룹 전체의 절세를 도모하고 있다.

물론 일본의 세무 당국은 구글 일본법인의 이익이 싱가포르 본부에 부당하게 흡수당하는 것을 간과하지 않았다.

일본 세법에서는 국제 기업의 각국의 지점 간 거래에 대해 가격에 부자연스러운 변동이 있으면 시정할 수 있도록 되어 있다. 예를 들어 일본의 자회사가 싱가포르 모회사에 대해 실질적으로는 아무 일도 하지 않는데 컨설팅 비용의 명목으로 고액의 돈을 송금하는 경우 세무 당국은 그 거래를 시정할 수 있다는 것이다. 이 세법에 입각하여 도쿄국세국은 과세 누락을 지적한 것이다.

그러나 이 문제에는 그 이상으로 큰 포인트가 있다. 구글과 페이스북은 제품과 서비스 자체를 판매하는 것이 아니라 서비스의 기반을 제공하는 업종으로 '플랫폼'이라고 일컬어지고 있다.

GAFA 중 특히 구글과 페이스북은 자체적으로 제품을 판매하는 것이 아니라 데이터를 구사하여 광고사업, 판매사업을 지원하는 업무를 하고 있다.

예를 들어 구글의 주된 수입원은 광고이다.

기존의 광고와 다른 점은 자사에서 만든 검색 페이지를 통하여 검색 페이지를 이용한 사람들의 기호를 반영시킨 프로모션을 하는 것이다. 이로 인해 광고주는 효과적으로 프로모션을 할 수 있는 것이다.

페이스북도 마찬가지로 광고가 주된 수입원이지만 페이스북 이용자의 기호를 반영시킨 효과적인 프로모션을 큰 특징으로 삼고 있다.

이러한 플랫폼이라는 사업자의 경우 세무 당국으로서는 객관적으로 이익을 평가하기 어렵다는 문제가 있다. 이러한 사업은 일본에 자회사와 사무실을 두지 않고도 얼마든지 할 수 있는 것이기 때문이다.

예를 들어 미국에만 영업소를 두고 각국의 언어가 가능한 인력을 미국 영업소에 두고 세계 고객을 상대로 하는 것이다. 고객 쪽도 일부러 사무실을 찾아가서 광고를 의뢰하는 것이 아니라 메일과 화상전화로 할 수 있기 때문에 문제가 없다.

그런데 일본 세법에서는 외국 회사에 대해 일본에 세금을 과세하는 조건으로 '일본에 자회사와 사업소가 설치되어 있을 것'이라는 부분이 있다. 즉 일본에 자회사도 사업소도 없이 단순하게 인터넷상에서만 비즈니스를 하고 있다면 일본은 세금을 부과할 수 없는 것이다.

현재 구글의 경우에는 일본에 법인이 있기 때문에 일본 세법의 적용이 가능했다. 그러나 일본에 법인과 사무소가 없고 인터넷상에서만 비즈니스를 한다면 원칙적으로는 일본 세법이 적용되지 않는다. 즉 일본의 회사가 낸 광고료 등의 수입과 관련하여 세금을 과세할 수 없는 것이다.

실제로 그러한 기업들이 많이 존재한다. 해외 인터넷 회사가 일본을 대상으로 플랫폼을 제공하는 경우가 많은 것이다. 그러한 회사에 일본인이 지불하는 서비스료, 광고료에는 원칙적으로 일본의 세금을 과세할 수 없는 것이다.

'국내에 자회사와 사업소가 없으면 과세할 수 없다'라는 것은 일본뿐 아니라 많은 국가들 사이에서 상식적인 조세 제도이다. 그렇기 때문에 일본 이외의 다른 국가에서도 이런 문제들이 발생하고 있는 것이다.

또 GAFA는 모두 미국 기업이며, 미국이라는 방패막이 있다. 때문에 세계 각지의 자회사가 세금을 내지 않으려 했던 이유도 있다. 아마존 본사가 '일본에 사무소를 두고 있지 않다'고 강하게 변론하고 세금을 내지 않았던 것은 앞서도 이야기했다.

물론 GAFA와 플랫폼들의 이러한 자세에 대해 세계 각국도 보고만 있지는 않는다. 유럽 국가들과 일본이 연계하여 대처하려는 움직임도 있다.

향후 이러한 플랫폼으로 불리는 기업에 대한 과세는 큰 국제적 문제가 될 것이라 생각한다.

공정하지 않은 세금은 국가를 쇠퇴시킨다

본서에서 다루었듯이 국가가 쇠퇴할 때에는 세금이 크게 관련되어 있다.

부유층과 특권계층이 세금을 회피하고 그 부담이 서민에게 전가되어 빈부 격차가 확대되고 서민의 생활이 어려워지면 국력이 쇠퇴하게 된다. 그런 와중에 타국으로부터 침공을 당하면 국가가 붕괴하는 것이다.

세계사에 등장하는 강대국들이 쇠퇴할 때에는 대략 이런 패턴으로 몰락했다. 즉 부유층으로부터 세금을 징수하지 못했을 때 국가는 멸망하는 것이다.

이러한 관점에서 보면 오늘날의 일본도 우려를 금할 수 없다. 최근 고액 소득자와 대기업으로부터 세금을 제대로 징수하고 있지 못하기 때문이다. 최근 20년 간 대기업, 부유층의 세금은 대폭 낮아졌다. 그런 반면에 서민에게 부담이 되는 소비세가 도입되어, 세율이 점점 높아져

가고 있다.

스페인이 소비세 때문에 쇠퇴한 것처럼 소비세라는 것은 국민의 경제력과 노동력을 빼앗는 세금이다. 그리고 양극화를 조장하는 세금이기도 하다.

소비세란 무엇인가를 소비할 때 드는 세금이다.

사람은 살아가는 한 당연히 소비를 해야 한다. 그리고 빈곤층은 소득이 부족하기 때문에 당연히 저축을 할 여유는 없다. 즉 수입의 대부분을 소비하게 되고 결국 수입에 대한 소비세 비중이 커지게 된다.

예를 들어 연봉이 300만 엔인 사람은 300만 엔을 전부 소비하기 때문에 소비세를 24만 엔 지불하게 되는 것이다. 즉 빈곤층에게 있어 소비세는 소득의 8%가 부과되는 것과 같은 것이다.

그러나 1억 엔의 수입이 있는 사람이 2500만 엔을 소비로 돌리고 나머지 7500만 엔을 금융자산으로 돌렸다고 하자. 이 사람은 소득 중 4분의 1만 소비한 것이기 때문에 소득에 대한 소비세율은 2%면 되는 것이다.

이것을 소득세로 바꿔 보면 얼마나 불공평한지 알 수 있을 것이다.

만약 소득세를 빈곤층에게는 8%, 부유층에게는 2%밖에 부과하지 않는다면 국민들은 크게 반발할 것이다. 그러나 실질적으로 그것과 같은 것이 소비세인 것이다.

소비세는 간접적으로 징수되는 세금이다. 그래서 세금의 실체가 잘 안 보인다. 그렇기 때문에 국민은 이를 알아차리지 못하는 것이다.

그 결과 일본은 심각한 양극화 사회가 되어버렸다.

일본 국민의 '소비'는 소비세 도입 이후 지속적으로 낮아지고 있다. 총무성의 '가계조사'에 따르면, 2002년에는 한 가구당 가계소비는 320만 엔을 넘었으나, 현재는 290만 엔 정도라고 한다. 선진국에서 가계소비가 줄어드는 나라는 일본밖에 없는 것이다. 경기가 침체되는 것도 당연하다.

반면에 대기업과 고소득층은 자산을 대폭 증가시키고 있다. 일본 기업은 버블붕괴 이후에 사내유보금(이익잉여금)을 2배로 늘려, 446조 엔에 달한다. 이는 미국보다 많은 세계 1위 수준이다.

또한 2017년의 세계적 금융그룹인 '크레디트 스위스'의 발표에 의하면 일본에서 100만 달러 이상의 자산을 가진 사람들은 282만 6,000명이라고 한다. 전년도보다 74만 명 가까이 증가한 수치이며, 증가율은 세계 1위 수준이다. 그리고 일본은 국민 순자산액으로는 단연 1위이지만, 그 대부분은 일부 부유층이 쥐고 있다.

상기해 보자.

양극화 사회라고 일컬어지게 된 것은 소비세 도입 이후의 일이다. 소비세 도입 이전, 일본은 국민의 90% 이상이 자신은 중류층이라고 생각한다는 '일억총중류'一億總中流 사회라고 일컬어지며, 소득 격차가 매우 작은 사회였다. 소비세만이 양극화 사회의 원인이라고 말할 수는 없지만 틀림없이 큰 이유 중 하나일 것이다.

사회의 양극화는 저출산·고령화 사회를 앞당기는 요인으로 작용한다. 실제로 많은 젊은 부부들이 경제적인 이유로 둘째를 단념하고 있다.

만약 이대로 일본이 소비세 중심의 세금 시스템을 지속해 나간다면 일본은 분명히 쇠퇴해 갈 것이다. 그보다 현재의 저출산·고령화의 진행 상황을 보자면 이미 쇠퇴해 가고 있음에 틀림없다.

지금의 일본은 조속히 소비세 중심의 세금 시스템을 폐지하고 부유층과 대기업으로부터 세금을 제대로 징수하는 시스템을 만들어야 한다. 이는 역사가 강력하게 시사하고 있는 점이다.

2019년 3월

오무라 오지로

참고문헌

《세계관세사》, 아사쿠라 히로노리 저, 일본관세협회

《세금의 서양사》, 찰스 아담스 저, 니시자키 타케시 역, 라이프리서치 프레스

《경제 강대국 흥망사》, 찰스 킨들버거 저, 나카지마 켄지 역, 이나와미서점

《강대국의 경제학》, 글렌 허바드, 팀 케인 저, 쿠보 에미코 역, 일본경제신문출판사

《그림으로 보는 돈의 역사전서》, 조나단 윌리엄스 편 유아사 타케오 역, Toyoshorin

《금융 세계사》, 이타야 토시히코 저, Shinchosha

《회계는 어떻게 역사를 지배해 왔는가》, 제이콥 솔 저, 무라이 쇼코 역, Bungeishunshu

《황금 세계사》, 마스다 요시오 저, Kodansha

《그림으로 보는 서양경제사》, 이다 타카시 저, 일본경제평론사

《국부론 1~4》, 아담 스미스 저, 오오코우치 카즈오 감역, 중앙공론신사

《국부론 1~4》, 아담 스미스 저, 미즈타 히로시 감역 스기야마 추헤이 역, 이와나미서점

《Life of the Ancient Egyptians》, Eugen Strouhal 저, 우치다 스기히코 역, Harshobo

《몽골과 대명제국》, 오다기 마츠오, 테라다 타카노부 저, Kodansha

《고대 유대사회사》, H. G. Kippenberg 저, 오쿠이즈미 야스히로·콘노 카오루 역, Kyobunnkan

《유대 이민(移民)의 뉴욕》, 노무라 타츠로 저, 야마카와출판사

《250년 금융재벌 로스차일드 가문》, 프레더릭 모턴 저, 타카하라 토미야스 역, Shinchosha

《화폐의 중국고대사》, 야마다 카츠요시 저, 아사히신문사

《중국 고대의 화폐》, 카키누마 요헤이 저, Yoshikawakoubunkan

《그림으로 보는 중국의 과학과 문명》, 로버트 템플 저, 우시야마 테루요 역, kawadeShobo Shinsha

《중국 동전의 세계》, 미야자와 토모유키 저, 불교대학통신교육부

《송전(宋錢)의 세계》, 이하라 히로시저, 벤세이출판

《오스만 제국》, 스즈키 다다시저, Kodansha

《흥망 세계사 10-오스만 제국 500년의 평화》, 하야시 카요코 저, Kodansha

《밀조주의 역사》, 케빈 R. 코사르 저, 타구치 미와 역, Harashobo

《영국 재정사 연구》, 스미다 테츠지 저, Minervashobo

《독일 경제사》, 한스 모텍 외 저, 오지마 타카오 외 역, 오츠키서점

《나치스 경제와 뉴딜》, 도쿄대학사회과학연구소편, 도쿄대학출판회

《나치스 경제》, 사카모토 타케시 저, 도쿄대학출판회

《서양의 지배와 아시아》, K·M Panikkar 저, 히다리히사 아즈사 역, 후지와라서점

《금융과 제국》, 이노우에 타츠미 저, 나고야대학출판회

《미중경제와 세계변동》, 오모리 타쿠마 저, 이와나미서점

《바다의 영국사》, 가나자와 슈사쿠 저, Showado

《찰스 1세의 선박세》, 사카이 시게키 저, 미네르바Shobo

《해역교류와 정치권력의 대응》, 이노우에 토오루 편, Kyukoshoin

《중국인물총서 주원장》, 미야자키 이치사다 감수, 타니구치 키쿠오 저, Jinbutsuoraisha

《초거인 명의 태조 주원장(주원장전)》, 원작 우한(吳晗), 사카이야 타이치 역, Kodansha

《소련붕괴 1991》, 이시고오카 켄 저, Shoenshinsha

《소련붕괴사》, 가미지마 타케시 저, Madosha

참고논문

《고대 그리스와 고대중국의 화폐경제와 경제사상》, 아메미야 타케시 저, 일본은행금융연구소

《십일조의 확립과 그 전개》, 세키구치 타케히코 저, 야마가타대학기요(사회학과) 제37권 제2호

World History of Tax Evasion

탈세의 세계사

세금은 세계의 역사를 어떻게 바꾸었는가!

제1판 1쇄 발행	2019년 12월 24일
제1판 4쇄 발행	2024년 4월 15일

지은이	오무라 오지로(大村大次郎)
옮긴이	진효미
펴낸이	김덕문

기획	노만수
책임편집	손미정
디자인	블랙페퍼디자인
마케팅	이종률
제작	백상종

펴낸곳	더봄
등록일	2015년 4월 20일
주소	인천시 중구 흰바위로 59번길 8, 1013호(버터플라이시티)
대표전화	02 - 975 - 8007 **팩스** 02 - 975 - 8006
전자우편	thebom21@naver.com
블로그	blog.naver.com/thebom21

ISBN 979 - 11 - 88522 - 70 - 5 03900

한국어 출판권 ⓒ 더봄, 2019